U0144476

混成與推移

中國語言的文化歷史闡釋

李葆嘉著

文史哲學集成
文史哲出版社印行

國家圖書館出版品預行編目資料

混成與推移：中國語言的文化歷史闡釋 / 李
葆嘉著. -- 初版. -- 臺北市：文史哲, 民 87
面；　公分. --(文史哲學集成；392)
參考書目；面
ISBN 957-549-121-1(平裝)

1. 中國語言 - 論文,講詞等

802.07　　　　87000957

文史哲學集成

混成與推移

── 中國語言的文化歷史闡釋

著　者：李　葆　嘉
出版者：文史哲出版社
登記證字號：行政院新聞局版臺業字五三三七號
發行人：彭　正　雄
發行所：文史哲出版社
印刷者：文史哲出版社
臺北市羅斯福路一段七十二巷四號
郵政劃撥帳號：一六一八〇一七五
電話 886-2-23511028・傳眞 886-2-23965656
實價新臺幣 三四〇元

中華民國八十七年四月初版

版權所有・翻印必究

ISBN 957-549-121-1

溫感與擁綏

星琦題

混成與推移

——中國語言的文化歷史闡釋

目 錄

自　　序

華夏中國，爲擁有五千年文明史的古老之邦。隨著二十世紀七、八十年代考古文化的重大發現，隨著東亞——南洋語言譜系研究的逐步深入，漢語的祖先或漢語的起源這一撲朔迷離的問題成爲海內外語言學家和世界漢學界關注的焦點。

從八十年代中期，我開始接觸歷史比較語言學。美國語言學家P. K.白保羅四十年代提出、八十年代才廣爲中國大陸語言學家知曉的澳泰語系假說，把苗瑤語族和侗泰語族從漢藏語系中劃分出去，對於長期奉行漢藏苗瑤侗泰同源說的中國語言學界，震動很大。由此引發了我對探討漢語起源的興趣。1987年看到竟成的《古代漢語元音和諧現象》，論及古代漢語和阿爾泰語的元音和諧相似性。1988年，讀到格勒的《中華大地上的三大考古文化系統和民族系統》，論及中華大地上距今五、六千年前的考古文化系統。三大考古文化系統：三大歷史傳說氏族系統：東亞一南洋三大語言系統——在我的腦海中突然一下子貫通。1989年草成《論原始華夏語形成的歷史背景》，初步提出了東亞三大太古語言系統說和原始華夏語是混合語的觀點。儘管白保羅切斷了漢語和澳泰語言的同源關係，但我仍然以考古文化系統和傳說氏族系統相互印證的宏觀背景，推斷原始華夏語和原始南方語有發生學關係。

1991年，從《國外語言學》上看到法國學者L.沙加爾在國際漢藏語言學會上宣讀《漢語南島語同源論》論文的報導，當時的心情有如門捷列也夫聽到新元素發現的消息。邢公畹對沙加爾論文的述評，使國內語言學家了解到漢語——南島語同源假說的具體內容。鄭張尚芳提出華澳語系假說，以之囊括漢藏、南亞與南島諸語言。白保羅的澳泰語系則被包容在更大的語系內。

我仍然沿著自己的思路繼續探索，1993年寫成《天問：華夏漢語祖先安在》，進一步明確提出華夏漢語三元混成發生論，以「混成・推移」修正了日本學者橋本萬太郎的「推移」說，蒙韓國仁荷大學校中國語學科教授蔡瑛純博士推荐，拙文刊於韓國《中國人文科學》第13輯。蒙臺灣大學文學院陳貴麟先生推荐，拙文同時刊於臺灣《國文天地》。

1994年秋寫成《論漢語史研究的理論模式及其文化史觀》，從文化史角度對當前中國語言學研究中通行的四個漢語史研究理論模式加以評論，並試圖建立「混成發生・推移發展」的理論模式。此後，寫成《中國語的歷史和歷史的中國語》，貫通考古文化學、歷史學、神話傳說學、人種體質學、民族學與歷史語言學諸學科的最新研究成果，對七千年中國語史宏觀通論，並提出東亞——南洋語言文化圈假說。通過對華夏漢語作溯源沿流式的、大視野、全景觀審視，以期建立全新的中國語史觀和中國文化史觀。不但以新的模式重親闡釋中國語言史，而且試圖通過闡釋語言史來重建中國文明史或中國文化史。

拙文《中國語的歷史和歷史的中國語》曾寄呈同行暢教。美國伯克萊加州大學語言學博士、臺灣清華大學語言學研究所張光宇教授（1995年3月）認爲：

> 這是一篇宏觀綜論的學術論文。就作者所掌握的文獻資料來説，可謂上天下地，集古今中外之大成。就其駕馭的能力來説，可謂博觀約取，剪裁適度。就作者的創造性思考

來說，可謂繼往開來，嘉惠學界。

在日本大阪外國語大學任教的史有爲教授（1995年3月）來信說：

我早年曾有志於音韻與語音史，欲向上溯源。但因工作所限不得已轉而攻現代漢語。如今讀來不禁想起當年理想今已有強手摘取，心中甚是欣喜。

蒙史先生推荐，拙文忝列日本《中國語研究》（1996年38號）首篇，在此深表謝意。

當然，正如有些同行指出：要以論文的形式來呈現七千年間語言的形成、發展和變化，本來也只可能提出綱目；若從專論的分析著眼，自不免粗疏。關於中國語的歷史和歷史的中國語這一宏大論題，需要詳加探討的專題比比皆是，拙文更多的還只是體現一種多元思路，一種理論探索，一種嶄新模式。

有一些理論問題值得深入研究。語言發展的動力究竟是什麼？對於歷史語言的研究來說，語言材料本身是否是自足的？漢語是否是一元自變型？

依據結構主義語言學的正統觀點，語言發展的動力在語言系統內部。傳統的語言研究比較注重語言的時間區別和語言的地域差異，對社團的語言差異的系統研究則產生了當代社會語言學。語言是人的語言，語主的變化必然引起語言的變化。語言的時間變化是原有語主的世代傳承，語言的空間變化是原有語主的群體遷徙，但是更重要的是語主自身的突然變換即原先語主的中斷。歷史上發生的語言換用過程，對於使用語言的民族來說，是語言的換用；對於換用對象的語言來說，則是語主的變更。因此，語言演變的矢量應當是：時間・空間・語主三維。語言發展的根本動因，不在語言系統的內部，而在語言系統外部，在於語言主體的局部嬗變及其社會文化的發展。

正像語言系統本身具有自足性和非自足性的雙重性質一樣，語言研究中的語言材料也具有自足性與非自足性的雙重性質。語言材料中的這種雙重性隨著時間的上溯而成反比，即越是古老的語言材料自足性越小，非自足性越大。在漢語音韻學研究中，《切韻》音系的研究僅僅依據《切韻》是不夠的。一個首要的問題就是：《切韻》音系性質是綜合的還是單一的？這一問題只有依據文化與歷史的有關材料才能加以解決。至於《詩經》韻系與諧聲音系，更不是依據自身材料就能懂理情楚的。如果進一步要探索原始漢語或漢語的來源，純語言學方法和歷史比較語言學則根本無法「包打天下」。如果人們探索漢語語源的欲望無法抑制，那麼，除了另闢蹊徑，別無他法。考古學、遺傳學和語言學及有關學科的綜合研究方法，爲漢語語源的研究提供了新的工具。從這一立場來說，針對採用非語言學研究方法來探討原始華夏語的任何指責都顯得毫無意義。

有人認爲，漢語應該是一元自變型，它的語音、語法、詞匯系統從整體結構來看，都沒有發生質的變化。一方面，設定漢語是一元來源，則不能解釋歷史比較語言學研究中古代漢語與毗鄰三大語系的複雜關係，則不能解釋周邊語言是黏著類型而爲什麼漢語是孤立類型；另一方面，華夏語的單一來源論與近年來中國史前考古文化的多元性左右相悖。處於封閉環境中的語言可能是自變的，但是處於南耕北牧、衝突交融中的華夏漢語則不可能僅僅是自變。事實表明，幾千年來，原始華夏語的來源與演變非常複雜，漢語在同化周邊語言的過程之中也異化了自己，華夏漢語的語言類型經歷了極其深刻的變化。

因此，竊以爲：

> 語言史是廣義文化史或文明史的一部分。一個民族的語言史就是這一民族文化史或文明史的折射與積澱。一種語言的形成演變史與這一民族的形成演變史是平行展開的。語言的史前狀態是非常複雜的。語言的演變因素除了時間、地域，有語言主體，還有語言接觸中的滲透、交融、換用和混合等等。很難設想，一種游移於文化史之外的語史研究模式，一種建立在並不完整的文化史觀之上的語史研究模式，一種得不到考古文化研究成果支撐的語史研究模式，能滿足對這種語言的起源與歷史演變的深入研究。

在《試論語言的發生學研究》中，我提出了語種發生的三種類型：歷時分化發生、共時聚合發生和多元混合發生。在《混合的語言和語言的混合》中，回顧了大陸近年來關於語言混合研究的現狀，論述了混合語言和語言混合研究的理論意義、系統方法和相關問題，以期推動中國混合語言學的建立和混合語研究的進一步深入。

八十年代，中國大陸掀起一股「文化熱」（至今未衰），或試圖以西方的文化學方法來剖析中國傳統文化，或試圖以傳統的國學傳統方法來彌合西學東漸以來出現的世紀「文化斷層」，或把興趣投放到中國古代神話的重新闡釋中，或專注於挖掘國民性以尋求誤入歧途的解脫辦法：凡此種種研究，都離不開對傳統文化典籍的釋讀。然而，非常遺憾，一些名噪一時的「宏論」，往往因爲缺少扎實的文獻根底而實爲皮相之見。「因聲求義」是傳統文獻闡釋學的基本方法，但離開確鑿的語言文獻佐證，僅據聲音妄加臆測，勢必多生謬誤，以致有人把「同音」、「音近」比作「小學家殺人的刀子」或「犯罪的凶器」。然而，一些未曾掌握因聲求義方法的學者卻在大膽放手誤用或濫用「音訓」，致使

「因聲求義」成爲一些錯誤乃至荒唐結論的僞證。因此，我先後寫出了《何新〈諸神的起源〉聲訓辨證》、《論文史研究中的古音僞證》、《論文化研究中的音韻導人》，以期文史研究界引起重視。

受第三屆全國文化語言學研討會組委會的委託，《參予：中國文化語言學的當代意識》是我在閉幕式上（1994年1月17日，哈爾濱）的總結發言。作爲海峽兩岸的學人，可藉此了解九十年代中國文化語言學的進程。在「文化語言學：學科抑思潮」的爭論中，竊以爲：

> 學術思潮具有勃發性、時代性、階段性特徵，沒有經久不衰的學術思潮。現在倡導文化語言學，但不久可能會出現「後文化語言學」或別的「X語言學」。很顯然，儘管學術思潮有別，但只要以語言爲研究對象就是本體語言學之一。在同一時期內從不同角度對語言加以研究的不同學科，可以將其確定爲分支學科，這些不同的分支學科的背後都隱含著種種不同的在歷史上先後出現過的學術思潮。因此，從橫的平面上看，文化語言學是一門學科；從縱的剖面上看，文化語言學是一種思潮。這一思潮不僅是對風行近百年的模仿引進式的描寫語言學的歷史性反撥，而且它蘊涵著一代人心靈的騷動、命運的沉思與價值的抉擇以及期待的否定。

The Ancestry of Chinese : Retrospecy and Prospect（《漢語的祖先：回顧與前瞻》）是國際中國語言學會首任會長、美國伯克萊加州大學王士元教授爲他主編的論文集The Ancestry of the Chinese Language（《漢語的祖先》）所寫的導論。去年夏天，王先生應邀到南京師範大學訪問。蒙王先生惠贈《漢語的祖先》，並由黃山來信，約寫一篇關於此書的評論。秋天，我去北京大學從徐通鏘教授做訪問學者，由此研讀書中歷史語言學大家論文，並動筆試譯。11月26日經香港赴臺灣，在啓德機場面謁王先生，呈上《導論》初譯稿，並告之計劃。1997年元月又承王先生賜函，許可我將全書譯爲中文並聯繫出版，深爲感激。全書中譯本的翻譯與出版尚需時日，故先將王先生的導論刊出，以饗讀者。

1996年11月，我應邀到臺灣進行學術訪問，有幸與文史哲出版社發行人彭正雄先生相逢。次日，彭先生到我們下榻的臺北富都飯店，即相約出版拙稿。在撰著《清代上古聲紐研究史論》時，我閱讀過文史哲出版社的著作，對彭先生以弘揚中國文化爲己任深懷敬佩。在我的學術研究中，一直試圖貫通文史哲諸學科，拙稿能在чу名「文史哲」的出版社付梓，深感有幸，又蒙王星琦教授爲之題簽，一併謹申謝忱。

這本論文集記錄了我近年來思考和探索的足跡，本項研究名爲「漢語史研究的理論和方法」1996年列爲江蘇省人文社會科學研究項目。在先後撰成的一系列論文中，合編成集時有一些內容便略顯重複。爲了保持各篇思路的完整性，編輯時雖做了一些刪削，但仍有贅言。至於文中的一些觀點，則可能「大膽假設有餘，小心求證不足」，誠懇希望得到方家的賜教。

期待著：早日揭開披在原始華夏語這位女神頭上的神秘面紗。

東亭　**李葆嘉**　公元一九九七年元月十五日於京華未名湖畔

試論原始華夏語的歷史背景（提綱）

㈠東亞大陸新石器時代民族部落文化體系可分爲三大系統：處於東南的湖澤水耕文化系統，其考古稱青蓮崗文化系統，動物紋飾以鳥形爲主；處於西北的河谷旱耕文化系統，其考古稱仰韶文化系統，動物紋飾以魚形爲主；處於北方的草原游牧文化系統，其考古稱北方細石器文化系統（目前所知最早的龍形器即一九七一年在內蒙三星他拉出土的紅山文化玉龍，八十年代又在遼西牛河梁紅山文化遺址發現龍形玉飾，距今約五千年）。

㈡東南文化的創造者原始夷越人（包括夷、越、苗蠻、濮），其體質特徵接近於現代蒙古人種南亞型，所操太古夷越語即原始南方語（據本尼迪克特的分類）。西北文化的創造者原始氐羌人，其體質特徵新石器時代一種接近東亞型，一種接近南亞型，青銅時代則接近東亞型（表明南亞人從西北向東南的遷徙），所操太古氐羌語即原始藏緬語。北方文化的創造者原始胡狄人，其體質特徵新石器時代早期一種接近北亞型，一種接近東亞型，晚期混合趨向統一，所操太古胡狄語即原始阿爾泰語。

㈢與考古文化系統相互證發的是傳說中的三大民族系統（約公元前3200到2600年）：興於江淮流域發展到黃河下游的伏羲氏太皓，爲夷越人之始祖；興於渭河流域發展到黃河中游的神農氏炎帝，爲氐羌人之始祖；興於北方後南下黃河直至江漢的則是軒轅氏黃帝，蓋爲胡狄人之始祖。

㈣黃帝爲胡狄據以下材料推測：⑴黃帝族是從北方發展起來

的，黃帝初都涿鹿，後遷有熊，武王封黃帝之後於薊。今寧夏、山西、河北北部遠古爲北方細石器文化，屬胡狄游牧之域。⑵黃帝族「遷徙無常處」，是北方游牧部落。⑶黃帝與蚩尤戰，蚩尤適應東南氣候請風伯雨師。黃帝請旱神女魃，反映黃帝適應北方乾旱環境。⑷傳說認爲黃帝之孫曰始均，始均生北狄，黃帝之后白犬生犬戎。⑸黃帝後裔有夏后氏，夏禹人稱「戎禹」，匈奴稱先祖夏后氏之苗裔也。⑹馬車是北方游牧民族發明的，傳說黃帝造車，號軒轅氏。

㈤三次大規模的原始部落戰爭促成了華夏族的形成。⑴夷羌之戰，共工（炎帝系）與蚩尤（太皓系）戰，共工敗。「乃說於黃帝」，北上求援，結成炎黃聯盟對付蚩尤。⑵夷狄之戰，黃帝擒殺蚩尤於冀州之野，並令少皓統領夷人各部。⑶羌狄之戰，炎帝爭奪盟主地位，黃帝與炎帝戰於阪泉，「三戰，然後得其志」。勝利後的黃帝乘勢向南大發展，進居黃河流域，又到江漢，「五十二戰而天下咸服」。黃帝的勝利奠定了原始華夏族的基礎。

㈥經顓頊（夷越系）、帝嚳（夷越系）、堯（胡狄系）、舜（夷越系）、禹（胡狄系）的統治，華夏族在中原黃河流域形成。同時，由原始氐羌語、原始夷越語、原始胡狄語融合成原始華夏語。

㈦商人（夷越系）甲骨中人名多祖甲、祖乙，地名多丘商、丘雷，其順行結構（修飾語在後）爲南方語系之特點。周人（其姓姬，爲黃帝姓，其祖母姜嫄，蓋氐羌與胡狄混血）來自西北，春秋時人名多稱乙公、丁公，地名「城濮」保留了順行結構。周秦的統治使古華夏語「氐羌化」，出現了氐羌色彩較濃的以王畿一帶方言爲基礎的華夏交際語「雅言」，周人自稱「有夏」，故有人釋「雅」爲「夏」。沒有融合同化的狄、戎、夷、蠻，則被華夏視爲異族，於是有夷、夏之分別。

㈧構擬周秦古音，持複輔音說者，則多從氐羌、胡狄語言系統出發；持陰、陽、入皆有輔音韻尾說者，則多據現代南方語言。古代華夏漢語的異質性被方塊漢字掩蓋了。由於遠古漢語或原始華夏語的這種異質性與聚合性，構擬祖語成爲實際上不可能的事。

㈨秦漢以後，以三次大動亂（永嘉之亂、安史之亂、靖康之亂）爲高峰，北方游牧民族逐鹿中原（大有步黃帝遺踵之勢），建立王朝。從始皇統一至清帝遜位2132年間，北方民族統治中原或全國達840年；隋唐皇族有鮮卑人血統，故能容納西域文化，統治326年。而中原士族大量南遷；於是出現了中原北留漢語的阿爾泰化與南遷漢語的南亞化（或中原漢語與南方土著語言的融合）。由此形成了橋本萬太郎所描述的那種東亞大陸語言結構連續體的狀態。

㈩原始南方語、藏緬語、阿爾泰語互相在中原地區混和形成了原始華夏語。秦漢以後中原漢語阿爾泰化，南遷漢語則南亞化。從華夏文明形成的多元論、華夏語言形成的聚合性出發，華夏文化和華夏語言的研究可望有新的進展。

一九八八年草於古南都三色齋

（原刊於武漢《語言學通訊》1990年1—2合期）

天問：華夏漢語祖先安在

——華夏漢語三元混成發生論

提　要

本文貫通歷史語言學研究中，從不同角度、依據特定材料所論證的漢語與毗鄰三大語言（藏緬、南島、阿爾泰）的發生學關係的結論，與新石器時期考古文化系統、人種體質類型，與傳說中的氏族系統及原始氏族戰爭等史料相互印證，提出了華夏漢語混成發生論。繼而闡述了處於農耕文明與游牧文明持久衝突中的華夏漢語，從秦漢以來，以永嘉、安史、靖康三大動亂為高潮出現的人口遷徙與民族融合所導致的中原北留漢語的阿爾泰化與中原南遷漢語的南方化的推移演變的總態勢。作者以「混成發生・推移演變」的理論模式修正了橋本萬太郎的「推移」模式。

關鍵詞：原始華夏語・混合語・三大考古文化系統・三大氏族系統・原始戰爭・三次大動亂・混成發生推移演變

有物混成，先天地生。

——李　耼

一

據不完全統計，現在世界上的語言有三、四千種，僅在美洲印第安人中就有上千種不同的語言，非洲各民（種）族語言也有近千種。這幾千種語言是否都有一個共同的老祖宗——原始祖語？人類考古學表明，地球上各地都有早期人類的遺跡（那時人類還沒有語言），歐亞非和美洲新大陸均發現過早期智人的化石。現代智人的化石分布更廣，遍及除南極以外的各大陸。依據人類起源多源論，必然推定語言起源的多元性，並由此解釋語言範型的多樣性與複雜性。依據人類起源單源論，人類的語言祇應有一個共同的祖先，語言範型的多樣性與複雜性是祖語分化後各自發展變化的結果。

幸許印歐語言有一個共同的祖母——印歐語。但是自遠古以來，她的子孫也就各自獨立發展，分布到了歐亞的廣大地區：北至仰見極光的俄羅斯及斯堪的納維亞半島（斯拉夫語和日爾曼語），南至熱帶叢林的印度次大陸（梵語），東起中亞沙漠地帶（吐火羅語），西達靠近冰島的愛爾蘭（凱爾特語），其中心則在地中海一帶。印歐語言的故鄉大約在中歐偏北的地方，即維斯杜拉河和易北河之間。有史以來說這些話的人以畜牧爲主要生產方式。隨著牧場的變遷，他們的語言便擴展到廣大地區。日本學者橋本萬太郎稱之爲「牧畜民型」語言。美國學者羅杰瑞認爲形成操印歐語的人的經濟核心是古地中海的通商，建議把「牧畜民型」改爲「通商民型」。然而，最早在地中海一帶的通商居民不是歐羅巴人，而是較早的蘇美爾人以及後來居上生活在西亞與北非地區的操閃—含語言的人們，因此閃—含語言才是「通商民型」語言。

與「牧畜民型」的印歐語言和「通商民型」的閃含語言不同，東亞大陸則是「農耕民型」語言。橋本萬太郎認爲：東亞大陸的語言發展，總是以某個文明發源地爲中心（暫且認爲以黃河中游爲中心）非常緩慢地同化周圍的少數民族語言。大致清楚的是，公元前11世紀，從西北方來到中原的周族，以某種方式起著形成漢民族的決定作用。而後經過數百年，同化了東「齊」、東南「吳」、南「越」，西南「楚」這些「蠻」族，融成所謂「漢」族。至於漢語，又在與北方阿爾泰語，尤其是統稱「北狄」的語言與之接觸過程中，發生了相當激烈的變動。橋本萬太郎把這種既有別於單純一語分化與多語混合，又包含一定分化與一定混合的，緩慢地同化周圍語言而得以發展的方式，稱之爲語言的推移發展。

二

東亞文明的發源地，傳統的說法在黃河流域。根據後來的研究，長江流域也是文明的發源地。以往言必稱「北京猿人」爲東亞大陸人之始祖，而1993年在南京湯山葫蘆洞發現了猿人化石（完整的頭蓋骨），「南京猿人」的發現在東亞人類史與文明史上意義十分重大。新石器時代長江流域的東南文明，可能比黃河流域的西北文明更爲發達，而東南亞也可能是某個文明的發源地。東亞地區文明起源的多元論取代了文明起源的一元論。因此，史前語言的接觸同化是非常複雜的。橋本萬太郎所說的推移發展方式應當是已經具有某個強有力的文明中心以後出現的態勢，而在這個強有力的文明中心尚未出現以前，逐鹿中原的多種文明交替更疊，相互混合，層疊性混成才是這一區域內語言發展的總態勢。

原始華夏語主要通行於黃河中游的河洛地區。這一區域北與阿爾泰，西與氐羌，東南與夷越（苗蠻）毗鄰，華夏語與這些地區的語言也存在著千絲萬縷的聯繫。換而言之，河洛地區成了三種語言的交匯之處。學者們可以從不同角度分別探討華夏語與這三種毗鄰語言中的一種具有發生學上的聯繫或基層滲透關係。

依據漢語與藏語同質的部分，可以認爲漢語與藏語同源。主張此說的西方學者有德國漢學家西門華德Walter Simon, 中國學者有李方桂、王靜如、俞敏等。常見的語言譜系分類中，也將漢語、藏語及周圍一些語言合稱漢藏語系。俞敏（1980）認爲：卜辭語系未定，不作討論，而漢藏兩族人種族同宗且語言同源。從種族來看，周人與藏人同宗共祖，其始祖炎帝神農氏，以姜水成，故姜姓。周人雖然姬姓，但是其祖母爲姜原，姜姬兩姓是通婚氏族。有著姜氏血統的周人東滅殷商，統一中國北方歷八、九百年。經春秋戰國、先秦兩漢，形成漢族。而留在西北的羌人，即游牧的一支姜人，仍然過著食肉飲奶的放牧生活。秦漢以後，只有零星的部落偶爾強大。到了唐代，羌人組成吐蕃王國，明朝叫「烏斯藏」、「衛藏」，這個民族就是漢人五千年來的親骨肉——藏族。就語言而論，漢語與藏語同源共根。最奇怪的是跟姜姓獨有的方言更像，即藏語跟周姜王公諸侯所用的言語較相似。比如藏語近指代詞是adi，遠指代詞是de。《尚書》中近指是「時」，遠指是「是」（兩個字的聲紐中古都在禪母，根據古音十九紐，上古讀定母。《釋文》:『是，音徒兮反』。定紐；時*də ，是*de），藏語與周姜語的指示代詞有對應關係。

從事漢藏語歷史比較研究的學者，多年來主要致力於挖掘同源詞以及尋找可能的語言對應關係，較少涉足語法領域。近年來隨著研究的深入，人們發現兩者在語法結構上的分歧點已超過共同點。藏語有一套格標誌系統，位於名詞性成分之後。藏語動詞運用元音交替和輔音前後綴表示動態詞的時態變化，還有及物與不及物、使動與非使動、自主與非自主等特殊語法範疇。此外藏語的語序與現代漢語不同之處是SOV型、後置詞型及AN和NA並用。根據橋本萬太郎的看法，藏語在詞匯方面和漢藏語系大有關聯，然而在句法方面更像阿爾泰語。周代語言是否有名詞的格與動詞的形態從文獻中已看不出來，但先秦文獻中有 SOV句式與

NA。

依據漢語與南島語同質的部分，可以認爲漢語與南島語同源。本世紀初期，一些西方學者如康拉德A. Conrady（1923）、吳克德K. Wulff（1942）就已經編寫泰語和南島語、藏緬語和南島語的對比詞匯表。他們認爲：詞匯比較證明，在澳斯特利語Austric（孟高棉語和南島語）和漢藏語（漢泰語和藏緬語）之間有發生學關係。吳克德的觀點還牽涉到一個令人深思的，關於用一個超級語言的譜系關係（漢藏泰澳語系或華澳語系）重新解釋東亞及南太平洋諸島語言的發生學關係的問題。他於1942年詳細指出：比較漢泰語和藏緬語的關係來看，南島語和漢泰語之間的關係更密切些。與之同時，還有許多藝術史家、人類學家和考古學家，爲了說明南島文化和中國北部和中部的早期文化的一致性而做了許多論證。R. 海因・格爾頓R. Heine-Geldern在1937年，描寫了商代藝術與南太平洋馬貴斯群島藝術以及馬來群島之一的新幾內亞藝術之間的相同點。他設想這是由於公元前1800年到公元前600年之間從中國到新幾內亞和波利尼西亞移民的原因。他還指出波利尼西亞的一些島嶼（尼余、伊斯特島、夏威夷、馬貴斯群島）和中國在時間計算制方面的共同點。中國臺灣學者凌純聲在1951年根據中國和印尼懸棺葬的分布情況，認爲印尼人來源於中國中部的洞庭、鄱陽兩湖之間，1969年他又推定中國東部的「東夷」就是今天密克羅尼西亞和波利尼西亞人的祖先。1970年又指出龜祭在中國商代宗教和太平洋諸島宗教中的重要性。1959年，中國臺灣學者張光直認爲在黃河流域前石器文化中有一個「尚未顯出差別的漢藏南島綜合體」undifferentiated Sino-Tibetan-Austronesian complex。他認爲從新石器時代起，開始向中國南部移民的活動，分化出「漢藏群」和

「南島群」，前者仍留在北方，後者從南中國海通過一系列海上遷移活動更進一步分化。1980年，他又指出商王朝的繼承方式和一些南島語社團現代繼承制之間的共同點。張光直的論述立足於一元分化論，但考古文化與傳說文化都爲多元聚合論提供了證據。因此，更合理的解釋是，南方文明中夷越楚等先後進入了中華原始文明的聚合漩渦，沒有進入的一部分則可能不斷南遷，直至南太平洋諸島。

法國學者沙加爾Laurent Sagart在第23屆國際漢藏語言學會議上發表《漢語南島語同源論》（1990），用構擬的原始南島語與中古漢語詞語（見於《集韻》的詞語，擬音據高本漢《修訂漢文典》所擬中古與上古音）比較，詞項近3500個。沙氏認爲上古漢語語素是典型的單音節性。音節是由一個無選的單輔音或複輔音聲母，一個可選的單介音或複介音，一個無限定的主要元音或複元音，和一個可選的韻尾輔音構成，即上古漢語音節＝Ｃ／ＣＣ（Ｍ／ＭＭ）Ｖ／ＶＶ（Ｅ）。他和奧德里古爾A. G. Haudricourt及梅祖麟的觀點相同，認爲上古漢語沒有聲調，中古聲調是從上古漢語喉音塞尾演變而來。與之相同，原始南島語也沒有聲調。但是原始南島語語詞多爲雙音節，甚至可以多到三個音節，輔音交替和元音交替是其音位配列學的普遍趨勢。南島語的許多單音節詞根是處在末一音節上，因此與漢語「字」相對應的經常是語詞的末一音節。如南島語*lalu（在前走、經過），漢語「逾」上古音*lju、中古音*ju。又如南島語*nganga（張嘴、喧嘩），漢語「吳」上古音*nga 、中古音*nguo，這種情況其實是音節重疊。

沙加爾認爲原始漢奧語是複音節的，它的不少後代子語音節縮短了，他認爲秦方言（西北中原漢語）把起首輔音和詞間輔音減縮爲複輔音，而使末一音節完成單音節化 monosyllabicization 。例如「白」，原始南島語*burak→上古漢語*brak（輔音間的u失落）→中古漢語bak（複輔音變成單輔音）。又如「刮」南島語*kurud→上古漢語*kwart→中古漢語*kwait。因此，由於南島語詞的末一音節經常有「詞根」身份，從而保存末一音節於漢語，就等於保存了詞根。但是我們在甲骨文裡已很難找到多音節語的系統證據，除了在漢代一些字書或文獻中發現了「不律」（《說文》：聿，所以書也，吳爲之不律；秦謂之筆），「李父」（《方言》：虎，陳魏宋楚之間或謂之李父）等詞語之外。

邢公畹同意沙加爾的觀點，在《關於漢語南島語的發生學關係問題》（1991）等文中，他說：從我同意的例子看，就足以說明漢語和南島語是從一個共同的祖語——原始漢奧語Proto-Sino-Austronesian衍生下來的，雖然有些問題還要研究。從而進一步假設：「在人類語言史上有兩支規模最大的語系：一支從南向北延伸，叫做印度歐羅巴語系；一支從北向南延伸，叫做漢藏泰澳語系。這句話前半句是個常識，後半句在七十多年前就已經開始有人說了」。邢文的意義已超過語言學本身，而具有文化史觀方面的價值。前半句常識是指建立在語言發展一元論基礎上的印歐語，本文不去討論。而後半句話也將東亞語言的演變分析建立在語言（文化）發展一元論基礎上，七十多年前的立論則與近七十年來考古文化的多元論相悖。因而必須依據東亞考古文化多元論來解釋南島語與漢語以至這一廣袤地區的語言關係，而不是簡單套用印歐譜系樹模式。

依據漢語與阿爾泰語同質關聯的部分，可以認爲漢語與阿爾泰語有發生學關係。竟成（1986，1992）認爲，在研究漢語史時，我們發現一些很特別的現象，在漢藏語範圍內無法找到解釋這些現象來源的線索，但是與阿爾泰諸語言一比較，問題就豁然開朗。㈠元音和諧。在《尙書》、《詩經》、《山海經》中雙音節詞中的兩個主要元音之間存在著有規律的搭配關係（根據王力的擬音，古代漢語元音和諧的本質是部位前後的和諧）。馬學良和樂賽月分別在羌語支和苗族中發現了元音和諧現象，張琨也曾在藏語拉薩話口語裡發現過這種現象。阿爾泰語的元音和諧表現得十分嚴整，廣泛分布於詞根內部及詞根和附加成分之間。相比之下，漢藏語稍稍遜色。但是從本質上說，這兩類語言的元音和諧並沒有什麼不同。㈡漢藏語與阿爾泰諸語言，都有形容詞重疊形式，構成方式很相似，都表示意義的加強。㈢入聲韻尾。漢語入聲字以-p、-t、-k收尾，在阿爾泰對應的詞中以-r或-t結尾，顯示出較整齊的對應關係。㈣前綴a 。漢藏語中廣泛分布的前綴a（可能來自前綴「有」），阿爾泰語的基本親屬詞也都帶有這個前綴（與「有」存在淵源關係）。㈤現代漢語方言中人稱代詞複數構成複雜，其中有一類爲-t/-l，這一類複數後綴在阿爾泰語中也是最古老的後綴之一。㈥對應詞。根據共同漢藏語形式，在阿爾泰諸語言中已找到一批與漢語有規則對應的基本詞語，有些見諸斯瓦迪士詞表。上述這些現象與苗瑤、壯侗語無關，出現的時間較早。這些相似現象基本上可以判定並非由語言接觸而成，有些成分類似於底層形式的存在。另一方面，有些學者認爲，藏語在歷史上經歷過黏著→屈折→孤立的變化，這樣的描寫也可能適用於有幾千年歷史的漢語。由此，竟成認爲，漢語與阿爾泰語之間的關係可能反映了語系分化之前這一地域中的語言狀況，因此有必要提出非譜系性的或前語系的歷史比較語言學概念。

不管是漢藏同源說、漢南同源說，還是漢阿同源說，都是從不同角度，依據各自選擇的材料（不僅是語言材料，還有人種學及文化史方面的材料），論證了漢語與某一語言的同源或發生關係。原始華夏民族的形成是史前民族或種族融合的結果，與之同步發展形成的華夏語不可能不具有與其被吸收融合語言相一致的地方。與其說漢語僅僅與某一語言有同源發生關係，不如說在歷史發展的長河中，後來被稱爲「華夏漢語」的這種語言與毗鄰三大語言都先後出現過滲透、換用與混成關係。換而言之，原始華夏語就是一種多向性的層累性的混合語。當然，語言的融合並非前無所因，它總是要以某種更早的或相對占強勢的語言爲主導。語言的滲透、換用、混合竟是如此的錯綜複雜，以至於已經難以辨別這種語言中所蘊涵的關係語言的歷史層次。就如同華夏民族的圖騰——龍，其「角似鹿，頭似駝，眼似鬼，頸似蛇，腹似蜃，鱗似魚，爪似鷹，掌似虎，耳似牛」（羅願《爾雅翼》卷二十八引王符說），已經難以辨清在其原形基礎上層遞累加的各部分的時間先後，就其原形也有閃電說、雲形說、樹神說、豬形說、鱷魚說、蜥蜴說、蟒蛇說等等，莫衷一是，眞是「能幽能明」，見其首而不見其尾，見其尾而不見其首，變幻莫測。

三

八十年代以來我國考古研究的成果表明，中華大地上的考古文化在新石器時代存在著三大考古文化系統。處於東南的湖澤水耕文化，其考古稱青蓮崗文化系統，動物紋飾以鳥形爲主，處於西北的河谷旱耕文化系統，其考古稱仰韶文化系統，動物紋飾以魚形爲主。處於北方的草原游牧文化系統，其考古稱北方細石器文化系統，動物紋飾以龍形爲主（目前所知最早的龍形器即1917年在內蒙三星他拉出土的紅山文化玉龍，研究者以爲原形是豬；八十年代又在遼西牛河梁紅山文化遺址發現龍形玉飾，距今約五千年）。東南鳳文化的創造者原始夷越人（包括夷越、苗蠻、百濮及遷往南島以前的南方民族），其體質特徵接近於現代亞洲蒙古人種的南亞類型，身材稍矮，所操太古夷越語即原始南島語。西北魚文化的創造者原始氐羌人，其體質特徵新石器時代存在兩種：一種接近蒙古人種東亞類型，一種接近南亞類型，但到了青銅時代接近東亞類型，所操太古氐羌語即原始藏緬語。北方龍文化的創造者原始胡狄人，其體質特徵早期可明顯分辨出兩種：一種與現代北亞類型蒙古人種接近，另一種與現代東亞類型蒙古人種接近，到了晚期兩種體質類型具有混合現象，從而趨於統一，出現了混合體質特徵，所操太古胡狄語即原始阿爾泰語。北方細石器文化中北亞類型人種與東亞類型人種的混合暗示了北亞和東亞文明及語言的混合。中原地區文化的創造者的體質特徵類型由新石器時代的兩種向青銅時代的一種的演化，反映了鳳、魚、龍文化的交匯融合。與人種體質特徵類型的混合相平行，語言的混成聚合也不可避免。

與三大考古文化系統相互證發的是傳說中的三大氏族系統（約西元前3200到2600年）。興於江淮流域發展至黃河下游的伏羲氏太皓，爲夷越（苗蠻）人之始祖。興於渭水流域發展至黃河中游的神農氏炎帝，爲氐羌人始祖。興於北方草原而後南下黃河、直至江漢的是有熊氏黃帝，蓋爲胡狄人始祖（此說見郭沫若主編《中國史稿》）。黃帝族是從北方發展起來的，史載初都涿鹿，後遷有熊，又周武王封黃帝之後裔於薊，與今寧夏、山西、冀北爲北方細石器文化區域相合。黃帝族「遷徙無常處」，爲北方游牧民族。西洋人稱「鄂爾多斯文化」爲「馬背上的文化」，馬車是北方游牧民族發明的，傳說黃帝造車號軒轅氏。蚩尤與黃帝涿鹿之戰，蚩尤請風伯雨師，黃帝請旱神女魃，反映前者適應東南海洋性潮濕氣候，而後者適應北方內陸性乾旱環境。又傳說黃帝之孫曰始均，始均生北狄，黃帝之後白犬生犬戎，北狄、犬戎皆爲北方牧人。黃帝後裔有夏后氏，匈奴稱其先祖乃夏后氏之苗裔也。

無論是史前還是史後，戰爭既是摧殘文明的魔鬼，也是傳播文明的天使。三次大規模的原始戰爭促成了華夏族的形成。第一次是夷羌涿鹿之戰，炎帝系共工與太皓系蚩尤戰，「戰於涿鹿之阿，九隅無遺」，共工敗。炎帝「乃說於黃帝」，北上求援，結成炎黃聯盟對付蚩尤。第二次是夷狄冀州之戰，黃帝擒殺蚩尤於翼州之野，並令少皓統領夷人各部，游牧民族打敗了農耕民族。第三次是羌狄阪泉之戰。炎帝欲爭奪盟主地位，黃帝與之戰於阪泉，「三戰，然後得其志」。勝利後的黃帝乘勢向南發展，越過黃河，進居江漢，「五十二戰而天下咸服」。黃帝的勝利奠定了華夏族的基礎，因此，被後人奉爲「人文之初、華夏之祖」。游牧民族強悍，征戰常勝，然農耕文明先進，因此，勝利了的統治者不得不被戰敗者的先進文明所同化。經顓頊（夷越系）、帝嚳（夷越系）、堯（胡狄系）、舜（夷越系）、禹（胡狄系）的交替統治，華夏族在中原地區逐步形成。同時，原始氐羌語、原始夷越語、原始胡狄語也逐步融合成原始華夏語。而沒有捲進融合漩渦的初民，則成爲周邊民族。西北的轉徙青藏高原，朔方的退至大漠以北，南方的則滯居長江之南，甚至遠遷至南太平洋諸島。

四

夏人（胡狄系）未傳文獻，因此語言類型不明，但中原居民稱「夏」始於此。商人（夷越系）文獻中，人名多祖甲、祖乙，地名多丘商、丘雷，順行結構NA爲南方語系之特點。周人（姬姓，承黃帝姓；其祖母姜原，周人蓋氐羌與胡狄之混血）來自西北，其統治八、九百年使原始華夏語「氐羌化」，形成了「氐羌」色彩較濃的以王畿一帶方言爲基礎的「雅言」。周人自稱「有夏」，故雅言即夏言。沒有融合同化的北狄、西戎、東夷、南蠻，則被周人視爲「異族」，於是有夷、夏之別。在氏族或民族融合中形成並得以發展的華夏語，不可能是純粹的而不是混合的，只是古代華夏語言的異質性與聚合性被方塊表意漢字掩蓋了。在這漫長的融合中，語言的換用交替出現，甚至一種換用尙未充分穩定，又被另一種新的換用所代替。不同語言交替換用的結果則是語音結構雙音節演變爲帶有複輔音的單音節，輔音音綴又相繼失落，最終形成了單音節結構的孤立型的上古漢語。因爲周人爲氐羌與胡狄之混血，所以周代文獻語言《尙書》、《詩經》等既與藏語有同源之處，又具有阿爾泰語元音和諧的特徵。因爲周人因襲了殷商文化，而東夷、百越、南蠻又未能一下子同化，所以原始南島語仍然可以在古代漢語中找到大量對應詞。

秦漢以來，以三次大動亂（永嘉之亂、安史之亂、靖康之難）爲高峰，北方游牧民族像潮汐有時，呈週期性向中原農耕文化區域氾濫，一次次跨越長城，一次次逐鹿中原，大有步黃帝遺踵之雄風，屢屢建立王朝。從始皇結束姬周封建聯邦制統一中國，到清帝皇冠落地的 2132年間，北方游牧民族統治中原和全國達840年之久，這還不包括具有鮮卑血統的隋唐王朝統治中國的326年。在北方民族入主中原之時，中原士族大量南遷，近徙江淮，遠至閩廣，於是出現了北留漢語的阿爾泰化（或阿爾泰語的漢化）與南遷漢語的南亞化（或南亞語的漢化），形成了橋本萬太郎所描述的那種東亞大陸語言結構連續體的狀態。

毫無疑問，推移模式反映了周秦以後漢語與周邊語言相互影響的基本勢態。但是，在強大的文明中心形成過程中，周秦以前的中原漢語以混成趨勢爲主。至於原始華夏語的發生，則必須推至史前。只有在強大的文明中心形成以後，才有以漢語爲主導的推移性延伸，才有中原北留漢語的阿爾泰化或阿爾泰語的漢化與中原南遷漢語的南方化或南方語言的漢化。因此，「混成發生・推移演變」這一理論模式在修正橋本「推移」模式的基礎上得以建立。

五

總之，關於東亞大陸語言的發展歷史態勢，可以設定遠古有著多種不同的語言（可歸納爲三大原始語系），這些不同的語言在民族接觸中，不管是通過戰爭方式還是其他方式，形成了一種與強大文明相伴隨的混合型語言。這種混合型語言，又像一個巨大的漩渦，逐步地同化著所接觸到的周邊語言。依據這一模式，可以認爲，周秦以前中原地區的語言發展主流是因交替換用而出現的混成，與華夏民族的融合形成相一致。周秦以後漢語的發展主流是因北方民族進踞中原、中原士族南遷而出現的推移，表現爲中原北留漢語的阿爾泰化或阿爾泰語的漢化和南遷中原漢語的南亞化或南亞語的漢化，與漢民族和漢文化的進一步發展延伸相一致。

由此可見，中華民族文明史就是一部農耕文明與游牧文明相互衝突並趨於融合的歷史，與之相應，華夏漢語語言史就是一部多種民族語言混成推移交融的歷史。漢語史研究理論模式體現著一定的語史觀，語史觀所涉及的不限於語音史，它涵蓋以語音史爲基礎的詞匯史、語法史；語史觀並不僅僅是歷時語言演變觀，其深層是文化史觀。可以這樣認爲，研究方法——→理論模式——→

語言史觀──→文化史觀，四者由表及裡，深入淺出。因此，「混成發生・推移演變」模式的價值不僅在漢語史與中國語言史研究領域，而且對中國文化史的研究也有不可低估的重要意義。

一九九三年十月於古南都隨園山蒼海茫齋

主要參考文獻

1.〔美〕Thieme《印歐語》，載〔美〕王士元主編《語言與人類交際》（游汝杰、潘悟雲等譯），廣西教育出版社1987年。

2.〔日〕橋本萬太郎《語言地理類型學》（余志鴻譯），北京大學出版社1985年。

3.俞敏《漢藏兩族人和話同源探索》，載《北京師大學學報》1980年第1期。

4.胡坦《國外藏語語法研究述評》，載《國外語言學》1993第2期。

5.邢公畹《關於漢語南島語的發生學關係問題》等，載《民族語文》1991年第3、4、5期。

6.竟成《古代漢語元音和諧現象》，載《探索與爭鳴》1986增刊《上海青年語言學論文選》。

7.竟成《漢語史研究的新思路》，載《現代語言學》第21期，1992年。

8.格勒《中華大地上的三大考古文化系統和民族系統》，載《新華文摘》1988第3期。

9.石興邦《中國新石器時代考古文化體系及其有關問題》，載《亞洲文明論叢》，四川人民出版社1986年。

10.郭沫若主編《中國史稿》，人民出版社1979年。

附：韓國國文提要

본논문이 歷史言語學을 연구함에 있어. 여러 각도와 특정한 재료에 의거하여논증한 漢語와 이웃 3대 언어(藏緬. 南島. 알타이)의 발생학 관계에 대한결론은 新石器時期 考古文化系統. 人種體質類型 그리고 전통적인 氏族系統 및 原始氏族 신쟁 등 史料와 서로 검증을 통하여. 華夏漢語의 混成發生論을 제시하였다. 또한 農耕문명과 遊牧문명이 장구한 세월동안 충돌하여 야기한 中原 北部 漢語의 알타이化와 中原 南部 漢語의 南方化하는 총체적인 추세를 천술하였다. 이 글은 "混成發生・推移演變"의 理論模式으로 橋本萬太郎의 "推移"모식을 수정하였으며. 아울러 국외학자가 건립한 네 가지 漢語史 연구의 모식에 평을 가하였다. 중국학자가 제시한 한어사연구의 이론모식은 비단 한어사와 중국어언사의 연구에 대해 이론적인 가치가 있을 뿐 아니라. 중국문화사의 연구에 대해서도 브탬이 없지 않을 것이다.

（原刊於韓國《中國人文科學》1994年第13輯；臺北《國文天地》1994年第10卷第9期；《建設中國文化語言學》論文集，哈爾濱《北方論叢》編輯部1994年12月；又題爲《論華夏漢語混成發生的考古文化與歷史傳說背景》，刊於南京《東南文化》1995年2期；北京人民大學書報資料中心《語言文字學》1995年9期轉載）

中國語的歷史和歷史的中國語

——七千年中國語史宏觀通論

提 要

本文貫通考古學、歷史學、文化學、語言學等研究成果，以東亞——南洋語言文化圈爲基礎，以南耕北牧的文明衝突交融爲背景，對七千年中國語史宏觀通論。本文認爲：(1)B. C. 5000年左右中國境內形成三大太古語系。(2)B. C.第三千紀黃帝進居中原，爲原始華夏語的混成發生提供了歷史契機。(3)華夏文明和華夏語歷三代而成熟，周代文獻語言是氐羌化的華夏書面語。(4)秦漢以後，漢語主導語言的基礎音系經歷了兩次由西（西安）遷東（汴洛）再移南（南京）的巨大變遷。(5)明清官話是以南京語音爲標準音、以江淮方言爲基礎方言、以白話小說爲語法楷模的通行語，它是江南商業經濟與市民社會的產物。(6)作爲東亞—南洋語言文化圈的內核華夏漢語，在同化影響周邊語言的過程中也異化了自己。

關鍵詞：太古語系・華夏語・漢語・明清官話・東亞—南洋語言文化圈

一、引 言

「中國漢語」可以有廣義與狹義的理解與界定。狹義的漢語指秦漢以後的漢人語言，以B. C.206年（漢王朝建立）爲上限，至今約有2200年。

由周秦上溯至黃帝進居中原（約B. C.第三千紀）其間約2800年的語言爲華夏語。華夏語又可分爲兩大歷史階段：五帝時代（約B. C.3000年——約B. C.2200年）和夏代（約B. C.2100年——約B. C.1700年）爲原始華夏語階段；商代（約B. C.1700年——約B. C.1100年）和周代（約B. C.1100年——B. C.三世紀）爲商周華夏語，因其語言表層不同，又可分別稱之爲夷商語和姜周語。

廣義漢語包括華夏語和（狹義）漢語，或合稱爲華夏漢語。中華5000年文明史，即有相應的5000年華夏漢語史。

距今7000年左右，中華大地上新石器時代三大考古文化系統大致形成。在B. C.5000年到B. C.3000年之間，對於這些遠古先民所使用的語言，我稱之爲中國太古語或東亞太古語。依據考古文化系統命名法，太古語可分別稱之爲青蓮崗語（系）、仰韶語（系）與北方語（系）。或依據見於中國古代文獻的古代民族系統命名，可分別稱之爲太古夷越語（系）、太古氐羌語（系）與太古胡狄語（系）。或依據現代語言譜系術語命名，可分別稱之爲太古南方（南島—南亞）語（系）、太古藏緬語（系）與太古阿爾泰語（系）。所謂7000年中國語，即指太古語、華夏語和漢語。

根據文獻語言材料，從周代開始，華夏漢語始終有一主導語言系統，即官場、文學、商用通行語。周秦爲「雅言」。西漢爲「通語」。東漢魏晉爲「洛生咏」或「晉語」。南朝爲「吳音」。隋唐爲「漢音」或「秦音」。宋元爲「中原正音」或「中原雅音」。明清爲「官話」、「官語」或「官音」。其中「雅言」、「通語」、「秦音」的基礎音系是歷史上的西安音，「洛生咏」、「正音」的基礎音系是歷史上的汴洛音，「吳音」、「官話」的基礎音系是歷史上的南京音。秦漢以後，漢語主導音系的變遷軌跡經歷了西安音──→汴洛音──→南京音，又西安音──→汴洛音──→南京音的周而復始。而汴洛音是西安在中原的後裔，南京音又是汴洛音在江淮的變體。至於清代末葉至本世紀逐漸上升爲主導音系的北京音，則是明初遷往北京的江淮話（以南京話爲代表）在北方的發展結果。換而言之，近現代北京音是南京音在北方的後裔。

本文宏觀探討華夏漢語的歷史和歷史的華夏漢語，溯源至中國太古語，以闡明7000年來中國語之演變大勢。進而提出「東亞一南洋語言文化圈」之假說，全景鳥瞰東亞一南洋諸語言（阿爾泰語·藏緬語·華夏漢語·苗瑤語·南亞語·侗台語·南島語）的演變大勢。

二、人類有聲分節語言的形成與東亞語言的發生

根據印象，人們往往以爲人類語言（指有聲分節語言）即使不與猿人進化爲智人的歷史同樣久遠，至少也有相當漫長的歷史。儘管最近美國科學家Rebecca L. Cam等人依據生物分子的研究，提出了現代智人都是由東非同一小聚落的共同祖先，在大約12萬年之前向全球擴散而來，與各地原有的直立人並不相干的「夏娃理論」，由此把現代智人的出現限定在12萬年之際。同樣，人類語言的出現也不會早於此時。但是，一些人類學家卻早就把人類祖先具有語言的年代推到幾十萬年之前（裴文中1964），甚至對生活在距今30萬年之前的北京猿人的語言狀況做了繪聲繪色的描寫（賈蘭坡1982）。其實，這是想當然的「誤會」。生活在30萬年前的猿人尚未完全直立，咽腔尚未形成，從何談得上用有聲分節語言進行交際。遺憾的是，一些語言學研究者不僅陷入了這種「誤會」，甚至認爲「原始中國語的誕生也不可能遲於180

萬年」，（劉民鋼1994）滑向了虛無飄渺的臆說。

雖然「語言起源於勞動說」揭示了語言起源的社會條件，「語言與思維同時起源說」指出了語言與思維的交互作用，然而，這些蒙上了濃重的思辨色彩的探討，除了誘導人們把人類語言的「誕生」時間隨心所欲地上推之外，還有著一個共同的盲點：忽視了有聲分節語言出現的至為關鍵的因素是人類發音器官的完全成熟。因此，當一些學者將關於人類語言起源與形成的研究的目光投向化石智人的發音器官的功能狀態時，就已經預示著人類語言起源的研究面臨著新的突破。

可以設想，在有聲分節語言出現以前，人類祖先使用著其他交際手段，這些手段可以看做廣義語言的一部分。但是，一旦將這種非有聲分節語言與有聲分節語言混為一談，語言起源的討論則成了人類符號起源的討論。因此，在語言起源的探討中，化石智人的發音器官能否發出清晰的元音，成了有聲分節語言何時「誕生」的唯一準繩。本世紀70年代，美國學者對此做出了解答。

他們選擇了1908年在法國塞納河畔的夏別里村附近發現的成年男子化石，這位古典尼人生存在大約4萬5千年前。解剖學家埃德蒙·克里林，製作了這位尼人的聲道模型。語言學家菲力普·利伯曼，利用計算機程序測定通過這一模型聲道可能發出的語音。研究結果表明：尼人不能發出清晰的、分節的語音，其中包括像〔a〕、〔i〕、〔u〕這樣的元音，當然也就不能依靠分節語言來交際。其原因在於，尼人的發音器官與現代成年人的口腔、咽腔雙道共鳴系統不同，而是口腔單道共鳴系統，即發音的喉部直接突入口腔，咽腔的未形成使他們只能依賴改變口腔的形狀來改變聲音。（唐建1981）由此得出結論：古典尼人還沒有現代人的那種分節語言，但「尼人文化的普遍水平表明，他們的有限

發音能力看來已充分加以利用，因此他們具有某種類型的語言」。（利伯曼1975）

但是，俄國學者帕諾烏（1980）認爲：「從尼人的物質和精神文化是那樣複雜多樣這一點來加以判斷，他們的語言應是相當發達的了。」但這一理由並不充分，因爲尼人複雜多樣的文化可以借助別的非語音「語言」或不分節「混沌語言」來運作。語音天然爲語言，但「語言」並非天然是語音。有聲分節語言的產生並不是需要有或想要有就「應要而生」，它的誕生必須有待於人類生理形態的可能條件。（唐建1981）

發音器官的成熟——咽腔與口腔的分離——與人類祖先的完全直立姿態有關。英國及荷蘭的科學家最近報告說，他們通過檢查提供一種平衡感的內耳機制，發現在10萬年前進化爲現代人類的原始人，是第一種完全直立步行的靈長類動物。（帶良1994）美國神經生理學家史密斯（1985）認爲，一直到10萬年前，人類祖先的神經生理狀況和別的動物無甚差別。那些較爲複雜的狩獵、遷移、社會組織、工具製造、環境控制都是由較爲簡單的非符號性學習、記錄存儲和革新的神經過程所執行的，然後一系列的前語言和類語言的預先適應在某一點上，與大腦進化到關鍵的體積相一致，導致了語言的突然發明。（桂詩春1993）

由此可見，人類語言的歷史並不那麼漫長，不分節的胚胎語或類語言的出現不會早於 10萬年，而可能延續到4萬年以後。成熟的有聲分節語言的歷史可能僅有兩三萬年之久。語言的出現與勞動有關，但並非能勞動即會有語言；語言的成熟與思維有關，但並非能思維即會有語言。勞動的歷史、思維的歷史，可能都比有聲分節語言的歷史長久得多。如果把36億年生物史算做一年，每分鐘大約等於7000年。在這個縮微時間內， 12月31日猿類出現，12月31日晚上11點北京猿人開始用火，晚上11點45分古人才完全直立步行，這以後類語言出現，而成熟的有聲分節語言的歷史可能只有4分鐘左右（附帶一句，文字的歷史只有1分鐘）。

假若以上這些研究可信，可以認爲，中國境內或東亞大陸遠古人類的有聲分節語言可能出現在兩三萬年前，並由此引起舊石器革命，迎來新石器時代的曙光。

三、三大考古文化系統的出現與三大太古語系的形成

語系的形成比語言的產生要晚。張光直（1959）曾提出，黃河流域前石器文化中有一個「尚未顯出差別的漢藏南島綜合體」（undifferentiated Sino-Tibetan-Austronesian complex），從新石器時代起，開始向中國南部移民的活動，結果分化出「漢藏群」和「南島群」。根據近30年來的考古成就，東亞新石器文化中心並非僅在黃河流域，處於東南的江淮文明與處於北方的松遼文明可能曾經高於黃河中游文明，反之，由於多種文明的衝突交匯才形成了後來居上的黃河中原文明。這些不同的新石器文化是否源於同一舊時器文化母體，至少目前尚未找到肯定證據。而竟成（1992）認爲，漢語與阿爾泰語之間的底層關係可能反映了語系分化之前這一地域中的語言狀況，因此有必要提出非譜系性的或前語系的歷史比較語言學概念。在語系形成之前，當有非語系狀態，隨著文明的傳播與交融，由無序走向有序，由非譜系混沌體形成太古語系。然而，推斷太古語系形成的時間，必須找到一個支點。

考古學家石興邦（1986）認爲：「考古學上的文化體系與民族學上的涵義是相同的。它是人類社會生活各個方面系統化的綜合體。在這個綜合體中包含一系列具有特徵的文化因素，像社

會組織制度、民族的思想行爲和方式、生活習俗和風尚、工藝技術特點和風格，以至宗教信仰、道德規範等社會行爲模式。這些因素，互相融鑄而形成一種不可分割的有機聯繫的整體，成爲所屬社會特有的文化形態。」石先生的論述極爲精彩。然而，無論是作爲文化的語言，還是作爲工具的語言，在考古文化系統綜合體中都是不可缺少且具有顯著特徵的基本因素之一，不應當遺漏。因此，當我們假定農業社會之前是一個尚未顯出差別的混沌體，而定居農業的出現則是促使混沌體分化的歷史條件，並由此進一步形成考古文化系統和太古民族系統，也就爲太古語系的形成找到了可靠的支點。

考古文化研究表明，大約距今7000年前即B. C.5000年左右，中國境內新石器時代三大考古文化體系大致形成，並由此奠定了中國境內歷史文化發展的基本結構和態勢。

處於東南沿海及湖澤平原的是種稻農業爲主的青蓮崗（含河姆渡）水耕文化系統；處於西北黃土河谷地帶的是以種粟農業爲主的仰韶（含半坡）旱耕文化系統；處於河套大漠草原地帶的是以游牧爲主的北方細石器文化系統。（石興邦1986）三大考古文化系統的創造者都是蒙古利亞人種，但體質特徵有別。東南文化的創造者是南亞型，即太古夷越人；西北文化的創造者新石器時代是東亞型與南亞型，青銅時代是東亞型，即太古氐羌人；北方文化的創造者早期爲北亞型，晚期有北亞型和東亞型混合的趨勢，即太古胡狄人。（格勒1988）與三大考古文化系統形成相平行，三大太古語系也同時形成。它們是：太古青蓮崗語系、太古仰韶語系與太古北方語系。

與這三大考古文化系統相印證的是中國古史傳說中的三大氏族（原始民族）系統。本世紀二、三十年代，以顧頡剛爲首的疑古派濫用「默證法」，把大禹考成一條蟲，把古史傳說皆斥之爲僞古史，5000年文明史一筆砍去2000年。上古遠史先是口耳相傳，輔以原始實物（結繩、刻劃、圖畫）記錄，至文字發明始書之典冊。儘管在口傳與筆書時會有神化、誇張、訛變、附會、刪併、嫁接等。但絕不可視爲子虛烏有而全盤否定。三大古史傳說系統在三大考古文化系統中得到證實。

興於江淮而發展至黃河下游的太羲氏，爲夷越（苗蠻）之始祖，伏羲又作「庖犧」，以佃以漁，「庖犧」即以火烤肉也。根據河姆渡遺址中的大量家豬骨骼與陶盆殘片上的稻穗紋和豬圖紋，可以推斷東南先民7000年前已吃豬肉。興於渭水而發展至黃河中游的神農氏，爲氐羌之始祖。神農氏又稱「烈山氏」，或以爲即放火燒山，刀耕火種。興於北方草原而後南下中原的黃帝，爲胡狄或阿爾泰之始祖。（郭沫若1979）黃帝又稱「軒轅氏」，「軒轅」即車，傳說黃帝造車。北方游牧民族逐水草而居，被稱爲「馬背上的民族」，最早發明馬車。又伏羲氏稱太皓、神農氏稱炎帝、軒轅氏稱黃帝，「皓、炎、黃」皆指陽光，反映了東亞先民皆崇拜太陽神。對於B. C.3000年左右的三大語系，可分別稱之爲：原始夷越語系、原始氐羌語系和原始胡狄語系。（李葆嘉1990）

石興邦（1986）認爲：「從考古文化的觀點說，在一個文化體系中，還包含若干個不同的文化共同體。這些文化共同體是由該氏族部落聚居的地區、時間和從事經濟生活性質的異同而形成特有的文化相。」因此，在每一種太古或原始語系中，也包含著若干個不同的語言共同體，若干由聚居的地區、時間和其他因素而形成的特有的語言相，即通常所說的語族、語支或語種。太古或原始夷越語系可能包括夷語、越語、苗蠻語、百濮語等；太古或原始氐羌語系可能包括氐語、羌語等；太古或原始胡狄語系可能包括西戎語、北狄語等。這些有差別的原始語言又成爲後來語言分化的源點。

現代阿爾泰語是黏著型，現代南島一南亞語也是黏著型，所謂語系不明的朝鮮語與日本語也是黏著型。至於現代藏緬語，其中有些語言（如嘉戎語、僜語、景頗語）的附加成份十分豐富，可以認爲是黏著型。藏語的句法方面更像阿爾泰語。（胡坦1993）有人認爲，藏語在歷史上經歷過黏著型──→屈折型的變化。因此，原始藏緬語蓋爲黏著型。受這些黏著型語言包圍的漢語爲孤立型，蓋是語言混合的結果，由此推斷原始華夏語應爲黏著型。侗台、苗瑤語中也有不少黏附形式，它們的孤立型傾向的成因可能是從上古漢語中分化出來時漢語已經處於孤立化過程中，也可能是通過借詞受漢語影響所致，（伊萬諾娃1970）其古老語言當和南島語類型一樣。因此，可以推斷，形成於B. C.5000年左右的三大太古語系與發展至B. C.3000年左右的三大原始語系，其語言類型可能都是原始黏著型。

四、原始華夏語的混成發生與語言類型的動態演變

考古研究表明，青蓮崗文化系統溯黃河而上，仰韶文化系統沿黃河而下。經過1000多年的頻繁接觸，大約B. C.4000年左右，在河南地區形成了一個新的文化共同體，即廟底溝氏族部落文化。這個文化共同體包含有兩大文化系統的一些共同文化特徵，但以東方氏族部落佔優勢，即文化特徵與青蓮崗文化比較接近，而與仰韶文化稍遠。由此可知東南文化的文明程度在當時較高。廟底溝氏族部落文化形成後，就以旺盛的生命力，迅速而有力地融合了附近的諸氏族部落，逐步佔有著原半坡仰韶氏族部落文化的區

域，使中原地區像一個文化融合的漩渦，將新的文化因素吸收進來，而又洪溢出具有「融合性」的文化因素漫延到邊緣區域，出現了東亞最早的混合型中國文化原始共同體。（石興邦1986）

三大考古文化系統的逐步混合過程積澱在古史傳說之中。文明的傳播、洪溢與混合，在史前往往通過戰爭方式爲媒介。古史傳說中有三次較大的氏族部落戰爭。第一次是東南蚩尤與西北共工之戰，共工敗。這一原始戰爭大約發生在B. C.3000年之前，暗示了東南夷越文明與西北氐羌文明的早期接觸，可能即是廟底溝等類型文化共同體的形成在古史傳說中的折光。第二次是北方黃帝與蚩尤之戰。共工戰敗後，炎帝北上求援，結成炎黃聯盟以對付蚩尤，這反映了西北農耕文明與北方游牧文明的早期接觸。黃帝擒殺蚩尤於冀州之野，並令少皓統領夷人各部，這反映了北方游牧文明與東南農耕文明的接觸融合。第三次是炎帝與黃帝之戰。炎帝欲爭盟主地位，黃帝與之戰於坂泉，「三戰，然後得其志」。勝利了的黃帝乘勢向南發展，「五十二戰而天下咸服」。（郭沫若1979）黃帝的進居中原、直至江漢，爲三大原始文化系統的加速融合創造了契機，爲中原華夏文明、華夏民族的形成奠定了基礎。因此，黃帝被奉爲「人文初祖」，司馬遷的《史記》從「黃帝」啓筆溯源。

人類文明演進史表明，封閉的、單純的文明往往是遲純的、落後的文明，而開放的、混合的文化往往是進取的、發達的文明。巴比倫文明承襲與光大了蘇美爾文明與阿卡德文明。古埃及文明是渡過紅海的閃米特人與土著含米特人、上埃及與下埃及衝突的結果。古印度文明則是在雅利安人南下，與當地哈拉帕文明接觸的情況下而得以蓬勃發展。古希臘文明更是建立在米諾斯文明、邁錫尼文明的廢墟之上。在傳統的中華文明史研究中，「單源論」

佔著主導地位。近年來，費孝通提出「一體多元論」，然不經多元聚合，一體從何而來？由數種文明衝突而後整合混成的文明往往是強大的文明，這種強大文明中心形成以後，又以洪溢方式擴展，從而形成主導文明和區域文明相互映輝的發展格局。考古文化系統的發現和中國最早原始文化共同體的發現，使人們找到了華夏文明的「原生老根」及其生成的歷史條件或氛圍。

自黃帝以後，經顓頊（夷越系）、帝嚳（夷越系）、堯（胡狄系）、舜（夷越系）交替統治，華夏族與華夏文明在中原地區逐步形成。同時，原始夷越語、氐羌語、胡狄語也逐步混成原始華夏語。歷史傳說中氏族首領譜系的混雜性和氏族首領居住地點的變更性，正反映了原始華夏文化的互滲混成性。既然華夏民族奉黃帝為遠古先祖，那麼，原始華夏語的源頭亦當追溯至5000年前，即以黃帝進居中原為起點。

華夏語經夏、商至周而完全成熟。夏代無文獻傳世，因此夏語難以詳論。《說文》：「夏，中國之人也。」中原居民稱「夏」始於夏代，因而夏王朝對華夏族的鞏固發展起著承上啓下的關鍵作用。夏禹又稱「戎禹」。《詩經·長發》：「禹敷下土方」，據甲骨文推測，土方在商之西北，即河套一帶。夏人由西北進居中原，可知其為胡狄系。《史記·匈奴傳》：「匈奴，其先夏后氏之苗裔也，曰淳維。唐、虞以上，有山戎、獫狁、葷粥居於北蠻，隨畜牧而轉移。」匈奴又譯為「胡」。上古音「胡」*ɣa、「夏」 *ɣea，十分接近，其差別在等呼。若根據古音無等呼的觀點，則完全同音。（史有為1990）由此可見，戎夏語與原始胡狄語關係密切。又《史記·六國年表》：「禹興於西羌」，西羌為氐羌之地。這暗示著夏禹以胡狄為主，在進入中原前已與氐羌混血。進入中原後，蓋又與原始夷越交融。因此，夏語可能是以原始阿爾泰語爲主導，而混有原始氐羌語和原始夷越語的語言。

商人又稱「殷」，「殷」與「夷」古音相近，在東南一些地區古音同。《說文》：「夷，東方之人也。」《詩經・玄鳥》：「天命玄鳥，降而生商」，鳥崇拜是夷越文明的特色之一。（石興邦1989）商人以鳥爲祖先之來源，已爲甲骨文所證實，商人是屬於以鳥爲圖騰的夷越民族的一支。但《史記・殷本記》：「殷契，毋曰簡狄，有娀氏之女」；《詩經・長發》：「有娀方將，帝立子生商」。這表明了商人承襲了戎夏文明，商人祖先是以夷越爲主而融進胡狄（含氐羌）的混血。因此，夷商語是以原始夷越語爲主導，而滲入原始胡狄、氐羌語的語言。商王所擁有的是一個邦聯政權（見於甲骨文的商王朝邦國有90多個），在商邦聯之北有以居方爲首的邦聯（蓋爲胡狄系），之西有以周方爲首的邦聯（氐羌系），之東南亦當有別的邦聯（如九夷）。（趙誠1991）胡厚宜認爲：「商而稱中商者，當即後世中國稱謂之起源也。」

商人的語言中，人名多祖甲、祖乙，地名多丘商、丘雷，病名爲疾口、疾耳，此順行結構NA爲南方語言之特徵。在甲骨文語法研究中，關於動賓補的語序，竟然六種可能有的語序都存在。（余志鴻1984）對於這種不以語序爲手段的現象，只有一種可能，即這是一種利用形態爲手段的語言。因此，我認爲，夷商語可能還是粘著型語言，只是這種粘著方式被表詞字掩蓋著。

周人來自西方，其祖母爲羌原，「姜」與「羌」同源。《說文》：「羌，西戎牧羊人也。」周人承黃帝族姓「姬」。又《國語・周語》：「昔我王先世後稷，以服事虞、夏。及夏之衰也，棄稷弗務。我先王不用失其宜，而自竄於戎狄之間。」由此可見，周人以氐羌爲主，與胡狄混血。因此，又自稱「有夏」，其同宗諸族稱「諸夏」，其語言名「雅言」，亦即「夏言」。俞敏（1980）以爲，藏語與周代姜姓獨有的方言更像，漢藏兩族人和話同源。事情可能比這要複雜些。周人既然承襲了中原殷商文化且借用了殷商文字，因而其西周雅言必以殷商語爲基層。換而言之，周人在以河洛爲中心的廣袤疆域建立了統一的封建聯邦制國家，歷時900年，通過分封宗親、移民洛邑和周禮雅樂使雅言得以傳播和推行，致使中原語言「氐羌化」。王族語言──→官場語言──→禮教語言──→文學語言，這就是上古雅言出現和擴展的軌跡。傳說周公撰《爾雅》，蓋其旨即在促使方言「向雅言靠近」。儘管春秋五霸、戰國七雄，動搖了周天子的王權地位，但雅言作爲文化禮教的象徵地位尚且穩固。上古華夏典籍《易》、《書》、《詩》、《禮》皆撰成於周，這些文獻語言就是「氐羌化」的華夏書面語。作爲中國傳統典籍文化的源頭，對後世影響之巨大和深遠不可估量。

關於三代華夏語的異質混成性，美國學者白保羅（1972）曾提出，漢藏語的成份只構成漢語的表層，而底層另有不同來源，周朝人所操的某種漢藏語融合或滲入到商朝人所操的非漢藏語言之中。據說，加拿大學者蒲立本曾主張夏是古漢語族，商與南亞語系關係密切，而周之先世是藏緬語族，（鄧曉華1993）但未能見其詳細論證。

在歷史語言學研究中，不管是漢一藏同源說（俞敏1980）、漢一南（南島）同源說（L·沙加爾1990），還是漢一阿（阿爾泰）同源說（岑仲勉1945、1961，趙相如 1984a、1984b、1986，竟成1986、1992），都是從不同角度，依據各自選擇的語言材料及人種學、文化史方面的材料，論證了漢語與某一毗鄰語言的同源或發生學關係。原始華夏民族的形成是史前民族融合的結果，與之同步形成發展的華夏語不可能不具有被融合語言相一致的部分。與其說漢語僅僅與某一毗鄰語言有同源關係，不如說在歷史發展的長河中，後來被稱爲「華夏漢語」的這種語言與毗鄰三大語言都先後發生過滲透、換用與混合關係。華夏語就是伴隨著多種原始文明撞擊整合爲強大中原文明的歷史互動而產生的混成型語言。（李葆嘉1994，1995）

關於周秦語言的研究，近年來已經取得許多明顯進展。一些問題已漸趨明朗：⑴有複輔音；⑵無音位性聲調（可能有伴隨性聲調）；⑶閉音節較多或輔音韻尾較多；⑷音節結構通常是CCVC型。根據L·沙加爾（1990）的研究，上古漢語語詞是典型的單音節結構，原始南島語和漢語的「字」相對應的經常是語詞的末一音節。他又認爲原始漢澳語（相當於本文所說太古或原始夷越語）的語詞是複音節的，它的不少後代語言音節縮短了。如「白」*burak＜*brak＜*bak　；又如「刮」*kurud＜*kwrat＜kwait。由此揭示了華夏漢語語詞音節結構由雙音節到複輔音單音節，再到單輔音單音節的演變過程。

單音節化（monosyllabicization）過程在各方言中的發展是不平衡的。沙加爾引證白保羅的說法，認爲南島語的bulut「纖維；軟毛」可以和漢語「筆」對應。鄭張尙芳認爲印尼語balut「塗抹」與漢語「筆」對應。（邢公畹1991）《說文》（書成於121年）］「聿，所以書也。楚謂之聿，吳謂之不律，燕謂之弗。」又：「筆，秦謂之筆。」當時秦語音 * pljiet 、楚語音*ruet、燕語音*pjet，而吳語*pjeu-ljuet。前三者已單音節化，而吳語仍爲雙音節。東晉郭璞（276—324年）注《爾雅》：「蜀人呼筆爲不律也。」可見蜀語當時仍爲雙音節。原始華夏語的「不律」與南島語bulut、印尼語barut同源，而「筆」、「聿」、「

弗」皆源於「不律」。

國外漢學家蒲立本等人推測古代漢語曾經有過豐富的形態，試圖建立漢語歷史形態學。同族詞的研究表明，古代漢語構詞多用語音交替法。（王力1982）潘悟云（1990）提出建立漢語歷史形態學有「兩個窗口」，一是對異讀、假借、諧聲的系統研究，一是親屬語的歷史比較。然而，還必須設定華夏漢語動態的語言類型，爲歷史形態構擬提供依據。我的初步預設是，華夏漢語的語言類型經歷過粘著型──→不完全屈折型──→孤立型的動態演變。至少在商代，華夏語還是粘著型。在周代，華夏語發生單音節化，屈折方式產生，粘附性詞綴有單音性與輔音性兩種。此後，形態紛紛脫落，向孤立型方向演進。複輔音蛻變爲單輔音，韻尾輔音失落，音位性聲調出現，同時複音節合成詞增多。在華夏漢語類型孤立化進程中，一些音節性詞綴與實詞演變爲虛字。這一設想與嚴學宭（1990）大致相合。

在語言譜系樹模式占統治的時代，不恰當地強調語言的一源分化，而冷淡了語言的多源聚合。混合語既是語言混成的結果，又是文化交融的表徵。居住在雲南的卡卓（$kha^{55}tso^{31}$）人，原是蒙古族一支，所操卡卓語即爲白語和彝語混成的混合語。廣西融水縣永樂鄉自稱爲 e^{55}的壯族人，操一種由漢、壯、仫佬、毛難、侗五種語言混成的「五色語」。青海同仁縣一部分土族人所操的「五屯話」，也是一種以漢語爲基礎、長期受到藏語等影響而形成的混合語。（鄧曉華，1993）所謂「五屯」，有人稱爲「五通」，即兼通漢、藏、蒙、土、撒拉五種語言。趙相如和阿西木（1981）認爲新疆南部艾努（ɛjnu）語是一種伊朗語言在維吾爾語強烈影響下發生質變的混合語。馬樹鈞（1984）認爲青海漢語「河州話」具有混合語的性質。至於地中海一些港口所使用的薩比爾話（sabir）與廣泛使用於巴布亞新幾內亞的美拉尼西亞皮欽語（pidgin），更是衆所周知的克里奧耳語（creole）。語言學上有一條規律，語言成份越混雜，形態丟失越多。上面所提及的克里奧耳語，它們的形態都大大少於源頭語言。（劉丹青1991）華夏漢語語言類型由黏著，經不完全屈折到孤立的動態演變，表明華夏語就是一種多向性、層疊性的混合語。

五、南耕北牧生態格局中的漢語演變軌跡

公元前後，歐亞大陸以連綿於中部的諸山脈（興安嶺、陰山、祁連山、阿爾泰山、天山、昆崙山、興都庫什山、札格羅斯山、高加索山、陶魯斯山、喀爾巴阡山）爲界，形成了南耕北牧的文明格局。農耕世界以農業經濟和城市文明爲主，富裕而保守；游牧世界以游牧經濟爲主，文明程度較低，但機動性強，富有開拓精神。兩個世界一經形成衝突頻繁發生。總的趨勢是游牧民族處於攻勢，而農耕民族處於守勢。當某個游牧民族在強大的頭領的率領下統一起來時，一次大規模的民族戰爭就來臨了。在長期的征服中，進入農耕世界的征服者，都不得不適應農耕經濟文化方式，而爲被征服者所同化，並且大部分還不得不使用被征服者的語言。當農耕世界恢復平靜，民族融合漸趨完成時，戰爭的烏雲又在山那邊重新聚集，一場新的民族戰爭又在孕育之中。游牧民族由於渴望享受文明成果而發動的進攻，成爲世界史上一個循環往復的問題。征服、遷徙、融合、再征服、再遷徙、再融合……成爲古代民族史的主旋律。（商友仁1988）與之相應，不同語言之間的接觸、融合、再接觸、再融合……亦成爲古代語言史的主旋律。在這一交響樂中，對於進踞農耕世界的征服者來說，則是語言的換用，對於被征服者的農耕世界的語言來說，則是主體

（操語言者）的變更。從而，使語言變化的矢量表現爲時間·空間·主體的三維互動。

在東亞大陸，農耕文明與游牧文明的衝突融合在史前已經發生，並由此觸發了華夏中原文明的產生，形成了混成性的華夏語。秦漢以後，這一南耕北牧的衝突交融更爲廣闊、持久、深入。在北方先後繼起的游牧民族有匈奴、鮮卑、柔然、突厥、契丹、黨項、女眞、蒙古和滿清。儘管中原漢人以征戰、長城、聯姻、冊封、內遷等方式企圖阻擋游牧民族南下，但是秦漢以後，北方民族入主中原統治中國北方或全境，還是長達840年之久，這還未包括含有鮮卑血統的隋唐王室的統治時間。以永嘉之亂、安史之亂、靖康之難爲高潮，北方游牧民族的入主中原引發了中原漢族居民的一次次南遷，從而導致了北留中原漢語的阿爾泰化或阿爾泰居民的語言換用，與南遷中原漢語的夷越化或夷越居民的語言換用。漢文化和漢語日益延伸擴展，漢族日益壯大，而漢語在同化周邊語言的同時也異化著自己。

在這一綿延2200餘年的歷史長河中，漢語主導語言的基礎音系也實現了一次又一次的變更。秦都咸陽，「書同文」以秦文（秦音）爲正。西漢都長安，其主導語言的基礎音系承襲周秦以來的雅言，演變爲「通語」。東漢都洛陽，曹魏、西晉相沿都於河洛，歷時300年以洛陽語音爲主導語言的基礎音系，並形成文學標準音「洛生咏」。周公建洛邑爲「成周」，平王東遷於此，因而，洛陽音可溯源於周代鎬京王畿之音。但到東漢魏晉之時，與西漢的長安音當有地域和時間的差別，故可分別稱之爲「秦音」與「中原音」。永嘉南渡，洛中人士遷往江東，建康風行「洛生咏」，同時中原人士亦仿習吳語。經過宋齊梁陳，源於中原而興於江東的江南文化日益成熟，並形成了源於洛陽而在江南有所發展的新的主導語言基礎音系——金陵音，唐人或稱之爲「吳音」，日本奈良時代到7世紀輸入的六朝漢語字音亦稱爲吳音。由此形成了歷時800年之久（B.C.206年——A.C.600年）的上古至中古漢語主導語言基礎音系的長安──→洛陽──→金陵的「ㄱ（橫折）型」大變遷。

隋唐建都長安，《切韻》雖折衷於金陵、洛下，唐初佛經翻譯或以洛音爲正，但唐代政治、經濟、文化中心以長安爲首，主導語言的基礎音系難免西移，這從李涪斥《切韻》爲吳音略見一斑。天寶年間（724—755年），元庭堅更一反「時俗共重，以爲典則」的《切韻》，直以秦音撰成《韻英》。至慧琳《音義》（807年），音切一以《韻英》爲則，斥陸韻爲「吳楚之音」。時日本遣唐學生和僧人將長安方言作爲正雅之音帶回日本，稱爲「漢音」，並逐漸排斥六朝舊音，有「誦兩京之音韻，改三吳之訛響」之說。（尉遲治平1994注㉓、㊼）五代建都汴京，北宋亦都於此而名東京，主導語言的基礎音系東移，形成了宋元明所稱的「正音」或「中原雅音」。靖康之難，中原居民南遷，一支往臨安，更多的是遷在以南京爲中心的江淮一帶。日本鎌倉時代由江南輸入的漢語字音稱之爲「宋音」，即指由中原遷往江南的北宋正音。遷往臨安的中原正音，因周圍爲吳語區，雖保留北方話的一些特點而終究爲吳語同化。遷往江淮之間的中原正音，因江淮語在六朝時已被中原漢語同化且處於吳語北部邊緣，所以「正音」相對純正地得以保存。（張衛東1991a）據元戚光《集慶路續志》：「金陵山川渾深，土壤平厚。在宋建炎中城境爲墟，來居者多汴洛力能還遷巨族士家，視東晉爲又一變。歲時禮節，飲食市井負衒謳歌，尙作京城故事。」可見，當時建康多爲汴洛流民。（鮑明煒1986）元代所撰《蒙古字韻》，服部四郎認爲記錄的是遷徙到臨安的汴京方言，而中野美代子（1971）認爲這一音系中滲有吳語方言成分。元亡明興，留居汴洛的中原之音，歷遼、金、元近300年統治，已非北宋時之中原正音，難免「北雜夷虜」；而遷往臨安的亦已「南浸吳越」。唯有遷往江淮之間的中原之音相對純正。朱元璋明初修《洪武正韻》，「壹以中原雅音爲正」。此「中原」已非地理概念，而是「傳統」概念。所謂「中原雅音」即指保留在江淮話之中以南京音爲代表的「中原舊音」，並以此成爲明清官話的基礎音系。日本江戶時代傳入的漢語字音，爲南京官話和杭州官話語音，稱之爲「唐音」。由此完成了歷時近900餘年之久（600年—1468年）的中古至近古漢語主導語言基礎音系的長安—→汴洛—→南京的又一次「橫折型」大變遷。

秦漢以後，漢語主導語言基礎音系的巨大變遷，出現了由西至東再南移的「橫折型」循環趨勢。這種近乎八、九百一次的音系演變大循環，與北方游牧民族入主中原的征服戰爭密切相關。永嘉之亂，晉室南遷，洛音流播於江淮，而中原五胡亂華，胡人「斷諸北語，一從正音」。漢語言「南染吳越，北雜夷虜」，爲中原之音一大巨變。隋初陸法言撰《切韻》，「論南北是非、古今通塞」，而「捃遠精切，除削疏緩」，意在維護金陵、洛下之正音。安史之亂、黃巢起義，造成大批中原居民南遷，五代沙陀人建都汴洛，爲中原之音又一巨變。北宋頒行《廣韻》、《集韻》，其旨「設教崇文，懸科取士」，兢兢不失其墜。靖康之難，中原之音四分五裂，有遷往浙江後爲吳語同化之臨安音者，有遼金擄往北方後爲近代燕代方言之祖先者，亦有留於中原未遷後爲近代汴洛方言之祖先者，更有遷往江淮後爲明清官話基礎音系之祖先者。此爲中原之音又一巨變。明初所修《洪武正韻》「複恐拘於方言」，故「壹以中原雅音爲定」。這種民族和語言的反覆融合，以及非漢人和非漢語被漢人和漢語同化的結果，則是淮河以北的北方漢語迅速變化並日趨統一，長江以南的南方漢語因漢人遷往較早而多存古音古語，江淮之間保留了相對純正的中原正音。由此形成了與時間上由古及今相應的，地域上由南向北的漢語言推移演變的結構連續體狀態。（橋本萬太郎1978）

六、明清官話的市民社會內涵及基礎方言

官話之名，於明代通行，或稱官語。今將中外諸家所檢明代文獻中所含「官話（語）」一詞的文句匯集如次。

1.〔朝鮮〕《李朝實錄·成宗四十一年（1483）九月》：「頭目葛貴見《直解小學》曰：反譯甚好，而間有古語，不合時用，且不是官話，無人認聽。」（太田辰夫1953）《直解小學》的作者是偰長壽，此書爲李朝初期廣泛使用的漢語教科書。這是目前所知「官話」一詞的最早出處。1483年，「官話」已見於域外文獻，由此推測明初已通行「官話」一詞。

2.謝榛（1495—1575，山東臨清人）《四溟詩話·卷三》「及登甲科，學說官話，便作腔子。」（魯國堯1985）

3.何良俊（1506—1573，江蘇華亭人）《四友齋叢說·史十一》：「（王）雅宜不喜作鄉語，每發口必官話。」（《辭源·官話》）

4.張位（1582前後，新建〔江西南昌〕人）《問奇集·各地鄉音》：「大約江北入聲多作平聲，常有音無字，不能具載。江南多患齒音不清，然此亦官話中鄉音耳。若其各處土語，更未易通也。」江淮間至今尙有入聲，江北當指淮北以遠。官話是指含有入聲的江南（明代江南行中書省，轄境相當今滬、蘇、皖等

地）官話，即以南京音爲標準的明代江淮話。所謂「齒音不清」，蓋指正齒、齒頭二音不別，但這是官話中的鄉音。

5.徐充（生卒待考，江蘇江陰人）《暖姝由筆・方言》：「凡問物之在者則日在那裏，此官話也。吾地日來邊，常州日來頭，丹陽日來個，無錫日來上，蘇州日來打。」（太田辰夫1953）

6.顧起元（1565—1628，江寧〔南京〕人）《客座贅語》：「弋陽則錯用鄉語，土客喜閱之。海鹽多官語，兩京人用之。」（鄧興鋒1992）顧說表明吳話區的海鹽腔使用官話，當時南北兩京的官話一致。

7.凌濛初（1584—1644，烏程〔浙江吳興〕人）《二刻拍案驚奇・卷三十七》：「便有幾隻鸚鵡飛將來，白的、五色的多有，或誦佛經，或歌詩賦，多是中土官話。」（劉丹青見告）此故事主人翁是徽商，在遼陽幸遇海神，召來鸚鵡戲耍。這徽商常往南京。此官話即指「南京官話」，而沿用「中土」之名。

8.明末西洋傳教士來華所習之「官話」，范禮安（Valignano）稱之爲common language（共同語）、the official language mandarins and of the court（官吏和朝廷的公務語言）、the mandarin language（官場話）；羅明堅（Ruggieri）稱之爲the Chinese language of the court（朝廷漢語）、the court language that they call mandarin（中國人稱之爲官場話的朝廷語）；利瑪竇（Ricci）稱之爲a universal language（通用語）、並說we can call it the language of the forensic court（我們可以叫它爲衙門語言）；後來，他知道中國對此種通行語早有專名，在Storia中將「官話」拼作 Cuon-hoa，後又拼作Quon-hoa。（楊福綿1986，曾曉渝1991）楊福綿認爲金尼閣把利瑪竇《中國札記》原文「道地的中國語」改成「純粹的南京話」，可證南京

話就是當時官話的基礎方言。以上諸例，可以說明明代兩京、魯、贛、江南吳語區及域外人所習之官話即南京話。

官話之「官」，在明代並不僅指「官場」、「官司」，或西洋傳教士所說mandarin即官吏之「官」（或將mandarin解譯爲「滿大人」，殊不知明代已有此詞）。「官」之初義爲「館舍」、「治衆之所」、「治衆之人」，又爲君主、尊長之敬稱。南朝時引伸爲王族及士大夫年輕子弟之稱。唐時惟有居官者方稱「官人」。宋乃不然，對有一定社會地位之男子皆可敬稱爲官人，奴婢稱主人爲官人，婦人稱丈夫爲官人，故「當時殆無不官人者矣」。亦可單稱爲「官」。宋元以後，江南商業經濟蓬勃發展，市民社會形成，商賈於鄉里多稱「朝奉」、「員外」，普通百姓被稱爲「看官」、「客官」，「官」的稱呼已經市民化。因此，明清通用語稱之爲「官」，包含著市民社會的豐富文化內涵，官話的出現及通行與宋元以來江南商業經濟的繁榮密切相關。官話不僅用於官場、官司（訴訟的雙方大多是百姓），不僅用於誦佛、吟詩，更廣泛的是用於商賈貿易。宋代的話本、元代的戲曲、明代的評話小說，這些與百姓生活憂樂與共的市民文藝，對官話的興起、流行、傳播起著政府所不能起的巨大作用。因此，明代的官話與前代的雅言、通語、洛生咏、正音的性質不完全相同，它不再局限於朝廷用語、公文辭章與文人吟詩作賦，而是有著廣泛的社會基礎，爲社會各界所使用的通行語。

由於靖康之難汴洛居民多遷江淮，由於宋元以來江南商業經濟的蓬勃發展，由於元末農民起義多爲江淮居民且朱元璋祖籍金陵之句容、長於江淮之盱眙，由於江南（行省）市民文化日益發達，因此，明清官話的基礎方言勢必是以南京話爲代表的江淮方言。

在中國歷史上，入主中原的北方游牧民族多仰慕漢文化並主動同化。唯有蒙古元，對漢文化盡力排斥，又人分四等而「南人」最下，並企圖以八思巴字拼寫元王朝境內一切語言，所撰《蒙古字韻》即爲其實踐。周德清爲捍衛漢字讀音，反抗八思巴字最終代替漢字的企圖而撰《中原正音》。周氏在書中集中刊布了《看岳王傳》、《韓世忠》、《誤國賊秦檜》與《張俊》四首曲文，又虛擬南朝沈約以所生地吳興之音制韻一事，指桑罵槐式疾呼：「寧忍弱其本朝，而以敵國中原之音爲正耶？」（趙誠1991b）周氏維護中原正音之民族立場，豈會以「元大都」之音爲標準？一些音韻學研究者，脫離文化歷史背景，孤立地研究《中原》音系，未能體察周氏之「文以載道」、「音以正氣」，並強行附會對應近現代北京音，致使近代漢語語音史被扭曲。《中原正音》所描寫的音系當爲以汴洛爲主體的河南音。（李新魁1962）

明初《洪武正韻》（1375年）所記錄的是以當時南京音爲主體的江淮方言音系或南方官話音系。（滿田新造1964）朝鮮李朝撰修《洪武正韻譯訓》（1455年），以之作爲學習漢語的最高權威書籍，而將燕京北音以「俗音」附記於正音之下。並曾派人往燕京多次，向中國學士求教，「以盡正俗異同之變」。（蔡瑛純1987）根據前文所引《李朝實錄》中「官話」文句，可知當時朝鮮人注重學習純正官話，以《洪武正韻》之音爲正。

遠藤光曉（1984）根據《翻譯老乞大・樸通事》裏的漢語聲調的研究，認爲屬於下江官話的南京話在當時最可能佔有標準音的地位，北京一帶當時通行來自南京的官話。魯國堯（1985）根據《利瑪竇中國札記》，推定明代官話的基礎方言爲當時南京音。此後又有多人論證利瑪竇、金尼閣所記官話音系爲當時南京音。（楊福綿1986、曾曉渝1991、張衛東1991b、金薰鎬1994）

並且試圖從漢語語言演變史角度闡述明代官話基礎方言是以南京話爲代表的江淮官話。（薛鳳生1992，李葆嘉1992，鄧興鋒1992）

除了明代官話基礎音系爲南京話的論證之外，清代官話基礎音系仍然是南京話的證據也已發現。18世紀中葉，山東萊陽客商白世雲雇江蘇常熟的船，裝著豆子往江南去賣，駛到半洋，忽遇風暴漂至琉球。《白姓官話》（序言寫於乾隆五年〔1753〕）就是他爲當時琉球人學習漢語編寫的課本。瀨戶口律子的研究表明，《白姓官話》是以南京話爲基礎的語言。她在日本天理大學收藏的《白姓官話》裏發現，有一些字下注有同音字。如：「棒（半）、灘（湯）、參（生）、民（明）、聖（甚）等。對於這種-n、-ŋ不分的現象，瀨戶口律子依據《江蘇省和上海市方言概況》中所記今南京方言有-n、-ŋ之分而茫然不解。其實南京方言老派至今「參：生」、「民：明」、「棒：半」、「灘：湯」尚不分。南京周圍以及江淮方言區都保存著這一特點的全部、局部或遺孑。《白氏官話》音系證明了至清代中葉官話仍以南京爲代表的江淮話爲基礎方言，不僅山東商人以之爲官話標準，就是域外學習官話也以此爲標準。上文曾提及日本漢字音之一的「唐音」，是日本江戶時代（1603—1867），由黃檗宗的僧人和長崎的通事及普通商人傳入的漢字音，這種漢字音的方言背景是明代至清代中期（14到18世紀）的南京官話，與《白氏官話》音系互爲驗證。中日商貿對明清官話傳播所起的作用，與前文所論明代官話的興起和流行與商業經濟的勃起密切相關的觀點亦契合一致。

六角恆廣（1992）揭出，日本江戶時代的中國語被稱爲「唐話」，主要由唐通事傳承，有南京口、福州口、漳州口三種方言，而尤南京口具有更爲廣泛的通用性質，在唐話教科書《小孩子》中說：「打起唐話來，憑你對什麼人講也通得了。蘇州、寧波、杭州、揚州、紹興、雲南、浙江、湖州這等的外江人，是不消說。對那福州人、漳州人講，也是相通的了。他們都曉得外江說話。況且我教導你的是官話了，官話是通天下，中華十三省都通的。」這唐話指南京口，是十三省通用的官話。明治初期繼承了江戶時代的南京話教育，又稱「支那南京音」。直到明治九年（1876）才確定，「把以往學習對象，『南京語』改爲『北京語』。以後，又以『北京官話』爲代表性的稱呼。有時也叫『清國官話』、『支那官話』等。單純用『官話』指『北京官話』是日俄戰爭前後（1904〔明治三十七年〕）的事。」（牛島德次1993）與之可以互證的是1878年至1882年，第一位受聘於美國哈佛大學的徽州籍舉人戈鯤化（1835—1882）所教漢語即爲南京話。當時美國《每日圖文》（1879年11月3日）介紹：「官話是全中國普遍使用的官方語言，是中國文學的載體，也是貿易界使用的語言。」（崔頌人1994）由此可見，「官話」原爲南京音中國語之專稱。清末才出現與之區別的「北京官話」名稱，至於以區域附之的「東北官話」、「西南官話」等則更爲晚近的派生詞語。

至清末，京音地位有所上升，但尙未得到士宦界的公認。趙元任兒時隨祖父居河北，學京音被其兄斥之爲「幹嘛學（北京）老媽子說話的聲音」，傅斯林家中亦「不屑說北京話」。（趙元任1971）清末切字運動，盧戇章主張「以南京話爲通行之正字，爲各省之正音，則十九省……文話皆相通。」但北方人主張「京音」爲民國「官話」的標準，多方爭執不下，遂有1913年「讀音統一會」每省一票、服從多數、逐字審音之「公決」。如當時京音已被「全國公認」爲標準，又要「統一會」幹嘛？

「老國音」不倫不類，「京音」派漸佔上風。由於北方游牧民族宋元後多次入主中原，打破了中原文明的原有一體化格局，造成了經濟、文化南移而政治中心北上的二元分裂式新格局。元明（爲抵禦北方民族南下）清三朝定都北京凡700年之久，爲「京音」上升爲新的標準音奠定了深厚的歷史基礎。適逢北洋政府將民國首都遷定北京，1924年國語統一籌備會決定修改老國音，以北京音爲標準音。又經過近幾十年來的推廣國語／普通話運動，北京語音才最終取得社會公認之國音地位。

然而，並不能因爲20世紀20年代確定北京語音爲標準音，就認定明清官話的基礎音系也是「京音」。「北京官話」的名稱出現於清末，並不是說北京官話在清末才形成。也許在清代中葉，朝廷中通行的官話就已經是北京腔官話。北京音作爲標準音或通用音的歷史較短，並不意味著北京話的歷史也如此之短。北京話的遠祖燕代方言且不論，就北京官話言，溯源亦爲江淮官話在北方之後裔。朱棣率淮兵掃北，後又永樂北遷，大量江淮人遷至京津，致使京津語言成爲江淮官話在北方的一個方言島。更準確的說，現代北京話其實是以宋元北遷中原正音爲基層、以明代北遷江淮官話爲表層，又受到北方阿爾泰語影響的一種語言。

明清官話以南京話爲代表的江淮方言爲基礎，除了前文所論各種歷史、經濟、政治因素，還有著濃郁的市民文學背景。京劇雖然在北京形成，但並非北京的土產，而是在徽、漢（湖北）兩調合流的皮黃戲基礎上發展起來的，並且繼承了昆曲「中州韻」的傳統。近代百戲之祖昆曲，源於南曲，而南曲韻宗《洪武》。朱元璋第十六子孫朱權爲南戲所作《瓊林雅韻》，與《洪武》音系大致相同，其基礎音系即明初南京話。（張竹梅1993）所謂中州韻，並非近代河南音，而是以江淮皖音、鄂音唱白。由於北京演員以京音唱之，因此現代京劇音韻成爲一個混合音系。凡是京劇語音中與普通話聲、韻不同的上口字，就是至今仍保留在京劇唱念中的來自鄂、皖、蘇的方音字，可見江淮官話影響之大。（楊振淇1991）

又所謂「宋元以來，……有影響較大的小說，如《水滸傳》、《西遊記》、《儒林外史》、《紅樓夢》等等。這些白話文學作品都是用北方方言寫成的。」（黃伯榮1985）將明清白話小說認定爲北方方言寫就，太籠統了，大多是用江淮官話寫成的。《水滸傳》作者施耐庵，江蘇興化人。《西遊記》作者吳承恩，江蘇淮安人。《儒林外史》作者吳敬梓，安徽全椒人，久寓南京。其弟吳烺所撰《五聲反切正韻》，其音系即當時南京話，（陳貴麟1994）又與江云樵合撰《金陵傳聲譜》，經汪鋆改編爲《空谷傳聲》，爲文人繫鼓傳聲所用，影響廣泛。《紅樓夢》作者曹雪芹，幼居南京，據研究者認爲，版本越早南京話成份越多，北京話成份增多蓋傳抄中改動所致。又那宗訓（1981）發現該書中曲韻陽聲韻分押系統，合於南京、揚州一帶方言，可以認爲是曹氏母語的特色。劉丹青（1994）認爲書中姨類稱謂的類型不反映北京話，而與南京方言一致。太田辰夫（1965）證明《紅樓夢》語言以北京話爲基礎的例子「早起」，在江淮官話中爲基本語詞。至於他（1974）論及《兒女英雄傳》北京的土音土語所舉例，亦多見於江淮方言，如罕見字伍wu（焐）、硌luo（摞）、蹡擦 jiang ca（礓擦）皆爲江淮口語。又作者不明的《金瓶梅》，今人多從語言上考證，有山東方言說、徐州方言說、吳語方言說，皆各執一端。該書最早刻於吳中（見沈德符《野荻編》），與此書發現有關的沈德符（浙江嘉興人）、徐文貞（江蘇松江人）、劉承禧（湖北麻城人）、袁宏道弟兄（湖北公安人）、馮夢龍（

江蘇吳縣人）多爲江南及淮官話區人。江淮地處豫魯吳越之間，爲南北語言交匯之地。宋元之際，青徐流民多移赴此處；明初「洪武趕散」，曾將蘇州與杭嘉湖平原居民遷往江北，因此江淮方言中雜有北魯南吳的俚語俗詞。一些詞語魯、吳今已不用，《金瓶梅詞典》（王利器主編，吉林文史出版社1988）中列入「難解詞語待問篇」，如「花靠」（花樣），至今江淮方言中仍用。因此，《金瓶梅》雖然雜有原作者或修改者的方言俗語，但總體上是用明末官話寫就，而不是一部北方方言小說。

總上所述，我以爲：明清官話是宋元以降江南商業經濟蓬勃發展、有著豐富的市民文化內涵，既運用於官場又爲廣大市民社會所使用的，以保留在江淮方言中的中原正音爲基礎的通行語。換而言之，明清官話或明清兩代漢民族共同語就是：以南京語音爲標準音，以江淮話爲基礎方言，以通俗的明清白話小說爲語法楷模的通行語。

七、七千年中國語演變的來龍去脈

B.C.5000年左右，中國境內出現三大太古語系。B.C.3000年左右，在三大太古語系的交匯之處，伴隨著三大太古文明的接觸──→衝突──→交流──→融合，原始華夏文明萌發的同時，原始華夏語混成發生並由此逐步生長。B.C.1400年到B.C.1100年中期，華夏語有著系統的文字與書面語。殷商華夏語以原始夷越語爲表層。B.C.1100年到B.C.220年，周代歷時 900年的統治使華夏語完全成熟並留下文獻典籍。姜周華夏語以原始語氐羌語爲表層，即使殷商語「氐羌化」。華夏語在秦漢時期演變爲漢語。在游牧文明與農耕文明的持久衝突和交融之中，漢語主導語言的基礎音系由西遷東又移南，周而復始。由於元明清建都北京，打破了中原漢文明的政治經濟文化中心一體化舊有格局，造成了經濟文化中心南移而政權中心北上的新格局，至本世紀始確定北京音爲國語標準音。在北留中原漢語的阿爾泰化或阿爾泰人的漢化，與南遷中原漢語的夷越化或夷越人的漢化的同時，魏晉中原漢音和北宋中原正音以歷史沉積的方式保留在江淮方言之中。華夏漢語在同化周邊語言的過程中也異化了自己。

在這漫長的7000年中，中國語從太古語、華夏語到漢語，經歷著持久的生生不息的運動。華夏漢語的語言類型，從原始黏著型，經由不完全屈折型，而演變爲孤立型。語言的多向性、層疊性接觸、交流、換用、混成，促成形態的失落，蛻變爲無形態語言。與西方一些學者們所持有的語言類型孤立型──→黏著型──→屈折型逐步進化的觀點相反，東亞大陸語言的發展史實表明，孤立類型才是形態語言演變的結果。

華夏漢語的單詞語音結構經歷了雙音──→單音──→雙音的演變。最初的單詞語音結構可能是雙音節的，由於前一音節的元音弱化、漸次脫落而變爲複輔音音節結構，複輔音的單化使漢語單詞語音結構單輔音音節化。單音節的輔音性韻尾又逐步失落，先丟失的是陰聲韻塞尾，接著是入聲韻塞尾，最後是-m尾。對單詞語音結構音節化，複輔音單化及韻尾逐步失落所做的補償，除了聲調的形成、單元音的複化以外，還有合成構詞法的廣泛運用。合成詞的產生表示原來的單詞已弱化爲語素，從而使漢語的單詞以新的方式重返雙音節結構。

華夏漢語的聲調並非與生俱有。當單詞語音結構是雙音節時，華夏漢語是非聲調語言；當單詞語音結構是複輔音音節並帶輔音尾時，華夏漢語出現伴隨性聲調；在單詞語音結構單輔音化和輔音尾失落過程中，漢語形成音位性聲調。隨著雙音節合成詞的大量產生及阿爾泰語的影響，聲調由多漸少。北方漢語中的一些字調弱化爲輕聲，顯露出消失的端倪。由此形成了華夏漢語：無聲調——→伴隨性聲調——→音位性聲調——→聲調漸少——→聲調弱化的演變軌跡。

華夏漢語的句法結構也經歷著巨大的嬗變。在黏著型或不完全屈折型時，語序並不是重要的語法手段。隨著形態失落向孤立型方向發展，一些附加成分或實詞虛化爲虛字，語序和虛字上升爲主要語法手段。在周秦漢語中，南方型的SVO及NA與北方型的SVO及AN共存，並逐步穩定爲SVO與AN。在NA轉變爲AN的過程中，產生了類別詞。（洪波1990）唐宋以來，北方漢語受阿爾泰語影響出現了S（把）OV，使近現代漢語成爲一種以SVO型爲主兼有SOV型的一些特點的語言。

八、東亞——南洋語言文化圈之假說

關於遠古語言起源的「單源說」與「多源說」，在沒有找到考察支點以前，這純粹是一個思辯性論題。我們以中國境內三大考古文化系統的形成爲座標，在這之前，東亞語言的狀況假定爲非譜系混沌體，在這之後，依據考古文化系統推定B.C.5000年左右中國境內或東亞形成三大太古語言（系）。根據現代東亞—南洋諸語言的現狀及歷史語言學的研究，推定太古青蓮崗語系、太古仰韶語系、太古北方語系諸語言類型可能都是原始粘著型。 B.C.3000年左右，三大太古語在中原地區接觸交融，形成原始華夏語胚胎。而三大太古語系又可以稱爲原始夷越語系，原始氐羌語系和原始胡狄語系。

現在的南亞—南島諸語言都是太古夷越語的子語。早在B.C.4000年前，馬來—玻里尼西亞人的祖先就開始了從中國東南出發進行的長途遷移活動。他們向南行進穿越印尼，爾後一路向西，到達馬達加斯加；另一路向東，到達南太平洋諸島。美國人類學家楊江（1991）甚至給出了一份東遷時間與到達地點的運行表。除了部分人與當地土著（如巴布亞人）混合之外，絕大多數遷往南洋諸島的夷越人還保持著中國東南部的文化習俗。自然而然，他們的語言變化較慢，至今還是單詞雙音節結構和黏著語型。根據白保羅（1944）的研究，孟高棉語、越南和「台—加岱—印尼」語言聯盟皆源於原始南方語。雅洪托夫在用語言年代學的方法進行研究的基礎上提出了和白保羅相似的東南亞語言發生學分類法。（伊萬諾娃1970）南亞語言中詞的結構通常是一個主要音節，有時前面可再加一個次要音節，前綴和中綴較普遍，但後綴不普遍。詞序是表達語法意義的重要手段，顯示出黏著向孤立的過渡。屬於南亞語系的越南語蛻變爲孤立類型。不可否認，2000多年來漢語對其影響是促使越南語孤立化的重要因素。

現在的阿爾泰諸語言是太古北方語或原始胡狄語的後裔。在游牧文明和農耕文明的持久衝突和交融中，一部分阿爾泰人進入中原被漢人同化，放棄了自己原來的語言。留居大漠南北的阿爾泰人，則保留著語言的黏著型，並形成語音和諧嚴整的特點。與南方語言SVO語序不同，阿爾泰語是SOV語序。

現在的藏緬語言是原始氐羌語後代。在這些子語中，有些（如嘉戎語、僜語）還有著豐富的詞綴，有些已經不多。藏語的黏附形式還不少，動詞的時態都用詞綴表示，但是藏語中也有語音交替的屈折方式，這可能是後起的。有人認爲，藏語的語言類型表現爲黏著—→屈折—→孤立的演變趨勢。橋本萬太郎認爲，藏語在詞匯方面和漢藏語系大有關聯，然而在句法方面更像阿爾泰語。現代藏語是SOV型及AN、NA並用。其實，詞匯方面漢藏相同，是因爲姜周使華夏語「氐羌化」，而句法方面更像阿爾泰語，並非受阿爾泰語影響所致。我的解釋是太古氐羌語即黏著型，藏語保留著古老的句法基層。

東方的日本處於海島，最早的居民或是來自東亞大陸的古夷越人，或是從南方渡海而來的馬來人（亦是太古夷越人的後裔），現代日本語爲黏著型。無論從居民來源，還是語言類型，日本語當屬南島語系，爲太古夷越語的一支後裔。處於朝鮮半島的朝鮮語，其基層爲原始夷越語，基本詞匯與南島語同源，（吳安其1994）。朝鮮半島、遼東半島、山東半島、江淮平原及華南地區，在遠古同屬水耕文化系統。但是，朝鮮半島的北面是阿爾泰人的游牧世界，由於阿爾泰語的影響，形成了基層是原始南島語而表層是阿爾泰語的朝鮮語。以往一些學者主張將朝鮮語劃人阿爾泰語系，其主要依據是黏著類型，而並不瞭解朝鮮語的基層也是黏著類型。

處在三大太古語系交匯之處的河洛地區，由於這三種語言的滲透、換用、混成而出現的華夏語，由黏著型，經不完全屈折型，而演變爲孤立語。處於漢語和南島—南亞語之間的侗台—苗瑤語言，一些語言中還保留著粘附形式，但絕大多數語言是單詞單音節化和有聲調，且以語序和虛詞爲主要語法手段的孤立語。考其原因，一是一些言語從原始華夏語中分化出來時，華夏語已處於孤立化過程之中；一是孤立化後的漢語經過文化輻射或借詞影響，使這些語言趨於孤立化。

在歷史比較語言學研究中，一些學者將見於漢語書面語稍晚而存在於南島—南亞語言中的詞，如「牙」，越南語nga，原始芒語*ngo' la, 原始台語*nga ；又如「貝」，泰語beer，占語、吉蔑語bier，馬來語bia，判定爲上古漢語中早已完全「歸化」

的外來語成分。（聞宥1980，張永言1989）一些學者並由此推定早期台語對漢語產生過巨大的影響。（羅杰瑞、梅祖麟1976，馬提索夫1982）然而，無論是南島一南亞語，還是侗台一苗瑤語，還是華夏漢語，其語言的動脈中都流動著太古夷越語的古老血液，因此，這些詞是多方共有的，即是華夏漢語從先祖那裏繼承下來的固有詞，而並非是從「弟兄」那裏借來的外來詞。之所以這些學者確定見於「南方語」中的詞是上古漢語中的外來語成分，就是因爲他們首先預設了漢語僅與藏緬語同源。然而，沙加爾的研究有力證明了漢語與南島語也有密切的發生學關係，並且史前考古文化表明夷越文明發源於江淮、溯黃河而上形成原始華夏文明混合共同體、南洋居民由大陸遷往。由此可見，白保羅（1976）企圖用南方語言文化向北方傳播的思路來建立大陸語言形成模式的構想，與東亞一南洋的文化史實和語言史實不相符合。

因此，我在「華夏漢語混成發生論」的基礎上，又進一步提出「東亞一南洋語言文化圈假說」力圖爲未來的漢語語言史、中國語言史和東亞一南洋諸語言的研究提供一個新的理論模型。

關於「東亞一南洋語言文化圈」的構想略見下圖（實線表示演變或分化，虛線表示接觸與滲透），敬祈方家賜教。

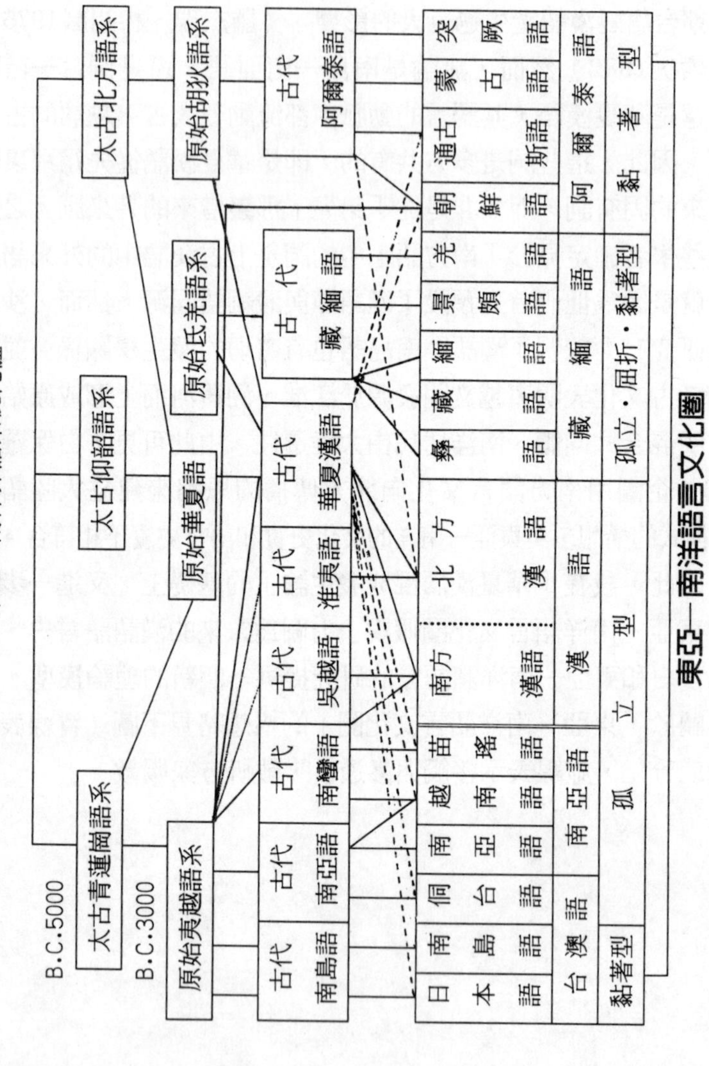
東亞一南洋非譜系混沌體
B.C.5000
B.C.3000
太古北方語系
太古仰韶語系
太古青蓮崗語系
原始胡狄語系
原始氐羌語系
原始華夏語
原始夷越語系
古代阿爾泰語
古代藏緬語
古代華夏漢語
古代淮夷語
古代吳越語
古代南蠻語
古代南亞語
古代南島語
突厥語
蒙古語
通古斯語
朝鮮語
羌語
景頗語
緬語
藏語
彝語
北方漢語
南方漢語
苗傜語
越南語
南亞語
侗台語
南島語
日本語
阿爾泰語
藏緬語
漢語
南亞語
台澳語
黏著型
孤立·屈折·黏著型
孤立型
黏著型

東亞一南洋語言文化圈

參考文獻

斐文中1964：《中國石器時代》，中國青出年版社。

賈蘭坡1982：《北京人，中國歷史的童年》，中華書局。

劉民鋼1994：《中國境內遠古人類的語言起源的時代的初步研究》，《上海師範大學學報》2期。

唐　建1981：《語言的起源和思維的起源》，《語文論叢(1)》，上海教育出版社。

〔美〕利伯曼Philip Lieberman 1975：《語言的起源》On the Origins of Language: An Introdution to the Evolution of Human Speech, New York.

〔俄〕帕諾烏E. H. JiaHOB 1980：《尼安德特人會說話嗎？》（王鋼譯），《國外語言學》1983—1。

帶　良1994：《人類遠祖何時開始直立行走，耳朵洩露了其中秘密》（編輯），《世界科技譯報》1994—7—30。

〔美〕史密斯Curtis Smith 1985：《祖先的聲音：語言與人類意識的進化》Ancestral Voices: Language and the Evolution of Human Consciousnes, New Jersey: Prentice -Hall.

桂詩春1993：《語言起源問題新探》——〈祖先的聲音〉評介》，《國外語言學》1993—1。

〔美〕張光直1959：《華南史前民族文化史提綱》，臺灣《民族學研究所集刊》7期。

竟　成1992：《漢語史研究的新思路》，《現代語言學》21期。

———1986：《古代漢語元音和諧現象》，《探索與爭鳴增刊》。

石興邦1986：《中國新石器時代考古文化體系及相關問題》，《亞洲文明論叢》，四川人民出版社。
———1989：《我國東方沿海和東南地區古代文化中鳥類圖騰與鳥祖崇拜的有關問題》，《中國原始文化論集》文物出版社。
格　勒1988：《中華大地上的三大考古文化系統和民族系統》，《新華文摘》8期。
郭沫若1979：《中國史稿》(1)，人民出版社。
李葆嘉1990：《試論原始華夏語的歷史背景》，《語言學通訊》1、2期合刊。
———1994：《華夏漢語混成發生論》，北方論叢叢書《建設中國文化語言學》。
———1995：《天問：華夏漢語祖先安在——論華夏漢語的混成發生與推移演變》，臺灣《國文天地》10：9。
———1992a：《漢語音韻研究的歷史考察與反思》，《南京師大學報》2期。
———1992b：《論漢語音韻研究的傳統方法與文化學方法》，《江蘇社會科學》4期。
胡　坦1993：《國外藏語語法研究述評》，《國外語言學》2期。
〔俄〕伊萬諾娃E. B. NBaHOBa1970：《論台語及其在發生學分類法中的地位》（許浩福譯），《漢藏語系語言學論文選譯》，1980年北京。
史有爲1990：《異文化的使者——外來詞》，吉林教育出版社。
趙　誠1991a：《商代社會性質探索》，《古代文字音韻論文集》，中華書局。
——1991b：《周德清和中原音韻》，同上。

胡厚萱：《論五方觀念及中國稱謂之起源》，《甲骨學商史論叢》，臺北大通。

余志鴻1984：《論古漢語補語的移位》，《語言研究》6期。

俞　敏1980：《漢藏兩族人和話同源探索》，《北京師範大學學報》1期。

〔美〕白保羅P. K. Benedict 1972：《漢藏語言學概論》Sino-Tibetan: A Conspectus, Cambridge Vniversity Press（樂賽月、羅美珍譯）。

———1976：《早期漢語借詞》Early Chinese Borrowings, Genetic Relationship, Diffusion, and Typological Stinil-arlties of East and Southeast Asian Languages.

———1944：《台語、加岱語和印度尼西亞語——東南亞的一個新聯盟》Thai, Kadai and Indonesian: A New Alignment in Southeastern Asia, American Anthropologist, Vol. 44（羅美珍譯），《漢藏語系語言學論文選譯》，1980年北京。

〔法〕沙加爾L. Sagart 1990：《漢語南島語同源論》Chinese and Austronesian are Genetically Related, 23rd International Conference on Sino-Tibetan Langndges and Linguistics 5-7 October 1990, Arlington Texas, U. S. A.

邢公畹1991：《關於漢語南島語的發生學關係問題》，《民族語文》3期。

岑仲勉1945：《揭出中華民族與突厥族之密切關係》，《東方雜誌》41卷5號。

———1961：《楚辭注要翻案的有幾十條——楚辭中的古突厥語》，《中山大學學報》2期。

趙相如1984a：《維吾爾語的音節結構和借詞拼寫法的關係》，

《民族語文》4期。
———1984b：《漢語「氐」和維吾爾語「tɛg」的關係初探——兼及漢語陰聲韻的輔音尾》，《延邊大學學報》4期。
———1986：《維吾爾語中的古代漢語借詞——從語言上看歷史上維漢人民的密切關係》，《語言與翻譯》2期。
鄧曉華1993：《人類文化語言學》，廈門大學出版社。
趙相如　阿西木1981：《艾努語的數詞——兼論艾努語的性質》，《民族語文》2期。
馬樹鈞1984：《河州話與阿爾泰語言》，《民族語文》2期。
潘悟雲1990：《第三代漢語音韻學》，《現代語言學——全方位的探索》，延邊大學出版社。
王　力1982：《同源字典》，商務印書館。
嚴學宭1990：《原始漢語的研究方向》，《王力先生紀念論文集》，商務印書館。
商友仁1988：《古代歐亞大陸民族遷徙和民族融合鳥瞰》，《北方論叢》4期。
尉遲治平1994：《「上聲厲而舉」解》，《音韻學研究》第三輯，中華書局。
張衛東1991a：《論客家文化的直接源頭》，第二屆全國語言與文化研究會論文。
———1991b：《論〈西儒耳目資〉的記音性質》，《王力先生九十誕辰紀念文集》，山東教育出版社。
鮑明煒1986：《南京方言歷史演變初探》，《語言研究集刊》，江蘇教育出版社。
〔日〕中野美代子1971：《八思巴字與〈蒙古字韻〉語音研究》
Miyoko Nakano: A Phonological Study in the Phags-pa

Script and the Meng-ku Tzu-yun, Faculty of Asian Studies in Association with Australian National Vniversity Press, Canberra.

〔日〕橋本萬太郎1978：《言語類型地理論》，日本弘文堂（余志鴻譯，北京大學出版社 1985）。

〔日〕太田辰夫1953：《關於漢兒言語——試論白話發展史》。

———1965：《〈紅樓夢〉的語言》。

———1974：《〈兒女英雄傳〉的語言》。以上載於《漢語史通考》（江藍生、白維國譯），重慶出版社1991。

鄧興鋒1992：《明代官話基礎方言新論》，《南京社會科學》2期。

〔美〕楊福綿Paul Fu-mie Yang 1986：《利瑪竇的〈葡華字典〉：歷史的和語言學的介紹》 The Portuguess-Chinese Dictionary of Matteo Ricci: A Historical and Linguistic Introduction, The Second International Conference on sinology Taipel, Taiwan, R. O. C, December 29-31, 1986。

曾曉渝1991：《試論〈西儒耳目資〉的語言基礎及明代官話的標準音》，《西南師範大學學報》1期。

李新魁1962：《〈中原音韻〉的性質及其代表的音系》，《江漢學報》8期。

〔日〕滿田新造1964：《中國音韻史論考》，東京武藏野書院。

〔韓〕蔡瑛純1978：《〈譯語類解〉所見中國音系之研究》，臺灣中國文化學院碩士論文。

〔日〕遠藤光曉1984：《翻譯〈老乞大〉、〈樸通事〉裏的漢語聲調》，《語言學論叢》13輯。

魯國堯1985：《明代官話及基礎方言問題》，《南京大學學報》4

期。
〔韓〕金薰鎬1994：《從利瑪竇、金尼閣的漢語拼音看明代晚期的官話音系》，《語言研究增刊》。
〔美〕薛鳳生1992：《方音重疊與普通話文白異讀之形成》（耿振生譯），《紀念王力先生九十誕辰文集》，山東教育出版社。
〔日〕瀨戶口律子：《關於琉球官話課本的研究》。
———：《從聲調上推測琉球〈白姓官話〉的方言性質》。
〔日〕牛島德次1993：《日本漢語語法研究史》《甄岳剛編譯》，北京語言學院出版社。
〔日〕六角恆廣1992：《日本中國語教育史研究》（王順洪譯），北京語言學院出版社。
〔美〕崔頌人1994：《美國漢語教學的先驅——戈鯤化》，《世界漢語教學》3期。
趙元任1971：《我的語言自傳》，臺灣《史語集刊》43：3。收入《趙元任語言學論文選》，中國社會科學出版社1985。
張竹梅1993：《〈瓊林雅韻〉研究》，寧夏人民出版社。
楊振淇1991：《京劇音韻知識》，中國戲劇出版社。
黃伯榮1985：《現代漢語》，甘肅人民出版社。
陳貴麟1994：《〈杉亭集·五聲反切正均〉音系探賾》，《語言研究增刊》。
邢宗訓1981：《從押韻看曹雪芹的語音》，臺灣《大陸雜誌》63：5。
劉丹青1994：《〈紅樓夢〉姨類稱謂的類型與底層研究》，中國民族語言學會第六屆年會論文。
———1991：《文化研究中的「語言導入」》，《東南文化》1

期。

〔美〕楊　江1991：《馬來——玻利尼西亞與中國南方文化傳統的關係》（呂凡譯），《浙江學刊》1期。

洪　波1990：《漢言類別詞起源初探》，《現代語言學——全方位的探索》，延邊大學出版社。

吳安其1994：《論朝鮮語中的南島的基本成分》，《民族語文》1期。

聞　宥1980：《語源叢考·鴨鷗鶩三詞次第考》，《中華文史論叢》4期。

張永言1989：《漢語外來詞雜談》，《語言教學與研究》2期。

——1988：《語源探索三例》，《中國語言學報》3期。

〔美〕馬提索夫Jamas A. Matisoff 1982：《馬提索夫教授談歷史語言學和漢藏系語言的研究》，《美國語言學家談歷史語言學》（徐通鏘整理），《語言學論叢》13輯，商務印書館1984。

〔美〕羅杰瑞　梅祖麟Jerry Norrman & Tsu-Lin Mei 1976:《古代華南的南亞語：一些詞語證據》The Austro-Asiatics in Ancient South China: Some Lexical Evidence, Reprinted from Monument Serica, Vol.32.

一九九四年秋於古南都隨園

（原刊於日本國《中國語研究所》1996年第38號）

附：英文提要

THE HISTORY OF CHINESE LANGUAGE AND THE CHINESE LANGUAGE IN HISTORY: A GENERAL SURVEY OF THE 7000-YEAR HISTORY OF CHINESE LANGUAGE

ABSTRACT

Based on the linguistical and cultural circle of Eastern Asia-Southern Pacific, and the background of conflicts and blends between the southern agircultual civilization and the northern nomadic civilization, this article makes a thorough study of the achievements in archaeology, history, historical linguistics and so on, and a general survey of the 7000-year (B. C. 5000- A. C. 2000) history of Chinese language.

The article presents evidence for six views. 1. Three language families in the remote antiquity: the original language family of the Southeast, or Yi-Yue（夷越），or Austronesian-Austro-Asiatic, the original language family of the Northwest, or Di Qiang （氐羌），or Tibeto-Burman, and the original language family of the North, or Hu-Di（胡狄），or Altai, came into being before the B. C. 5000. 2. In B. C.3000, Huangdi, or Yellow Emperor（黃帝）from the North conquerd the Central Plains （中原）. This historical event provided the historical opportunity for blend of the three primeval languages and became a beginning of the original Huaxia （華夏）language. 3. The Huaxia civilization and language became mature through the Three Dynasties: Xia-Shang-Zhou（夏商周三代）. The Huaxia written language affected by Di-Qiang（氐羌）language became the literary language of Zhou（周）. 4. After Qin-Han two dynasties（秦漢），the basic phonological systerm of standard language of Chinese has experienced two great changes, cycling from the West（Changan, 長安）to the East（Bian-Luo, 汴洛），then to the South（Nanjing, 南京）. 5. Guan-hua, or the mandarin language in Ming-Qing two dynasties（明清官話）was the universal language in China, taking Nanjing phonological system as standard phonology, the Jiang-Huai Dialect（江淮方言）as basic language, and Ming-Qing novel grammar as standard grammer. It was a result of the commercial economy and the townsfolk society in Jiangnan（江南）after Song-Yuan two dynasties（宋元）. 6. While diffusing, influencing and assimilating other languages on its all sides, the language of Huaxia-Han（華夏漢語）itself, the key in the linguistical and cultural clrcle of Eastern Asia-Southern Pacific, has made many great changes repeatedly.

mature through the Three Dynasties. The Shang-Zhou (商周). The Huaxia written language affected by Di-Qiang (氐羌) language became the literary language of Zhou (周). After Qin-Han two dynasties (秦漢), the basic phonological system of standard language of Chinese has experienced two great changes, evolving from the West (Changan, 長安) to the East (Hen-Luo, 河洛), then to the South (Nanjing, 南京). Guanhua, or the common language in Ming-Qing two dynasties (明清兩代), was the universal language in China, taking Nanjing phonological system as standard phonology, the Jiang-Huai Dialect (江淮話) as basic language and Ming-Qing novel grammar as standard grammar. It was a result of the commercial economy and the townsfolk society in Jiangnan (江南) after Song-Yuan two dynasties (宋元). While diffusing, influencing and assimilating other languages on its all sides, the language of Huaxia-Han (華夏漢語) itself, the key in the linguistical and cultural circle of Eastern Asia-Southern Pacific, has made many great changes repeatedly.

論漢語史研究的理論模式及其文化史觀

提 要

本文旨在探討漢語語言史研究的理論模式。首先針對當代通行的四種理論模式（高本漢時間一維直線型模式、普林斯頓方言逆推型模式、張琨時空二維差異型模式、橋本萬太郎地理推移型模式），從語言史實和文化史觀角度加以述評。然後，依據歷史語言學研究漢語古音的成果，與中國近年來考古文化研究的成果及古史傳說等材料相互印證，提出原始華夏漢語混成發生論。並以此爲基礎，修正橋本萬太郎的推移論，試圖建立「南耕北牧・衝突交融・混成發生・推移發展」的漢語史研究的理論模式。

一、引 言

漢語語言史研究中的每一具體項目的作業都與特定的漢語史觀密切相關，儘管研究者並非明確意識到這一點。那種不適當地誇大語言事實的自明性而漠視理論模式研究的傾向，除了表明研究者已經接受某種模式的支配之外，還隱含著理論思維的貧乏。清代的古音學研究，並非超越於理論模式之外，顧炎武的「古韻分部有定論」與毛奇齡的「古韻通轉說」就是清代古韻研究中的兩種不同的模式。錢大昕的《古無輕唇音》與戴東原的《轉語二十章序》，分別蘊涵著上古聲紐研究中的歸並模式與流轉模式，其深層分歧是對上古雅音與方音關係之處理的不同。（李葆嘉

1986,1992a）

漢語史的研究，現當代主要有四種理論模式：瑞典漢學家高本漢（Klas Bernhard Johannes Karlgren）在本世紀初葉建立的直線型模式；美籍華人學者張琨（Kun Chang）60年代建立的差異型模式；普林斯頓學派專家們60年代建立的逆推型模式；（嚴學宭 1985）日本漢學家橋本萬太郎70年代建立的推移型模式。顯而易見，這些理論模式都是海外漢學家（外國或外籍華人學者）建立的。中國學者王力在《漢語語音史》中一改《漢語史稿》（上冊）以《廣韻》爲樞紐聯結上古與現代音系的高本漢傳統，將歷代音系以先秦、漢代、魏晉南北朝至隋唐，又從晚唐五代、宋代、元代、明清至現代順流而下，雖然體系上有所創新，但是仍未擺脫高本漢的直線型模式的陰影，對漢語語音史的簡單化處理尚不能如實反映漢語語音演變的複雜狀況。而且，在該書《導論》中又未對其所使用的方法詳加理論闡述，因而尚不能認爲該書所貫穿的是一個與高本漢傳統迥別的理論框架。

現當代通行的四種理論模式，其中僅有一種（橋本模式）是涵蓋基本詞滙、語法結構和語音結構的，其餘的主要是針對語音結構的。雖然如此，然而建立在某種語言史觀之上的理論模式，即使僅從某一語言要素切入，也必然會以種種方式涉及到其他語言要素，從而牽動整個語言史。從這一意義上而論，漢語語音史的理論模式也就是漢語語言史的研究模式。

語言史是廣義文化史或文明史的一部分。一個民族的語言史就是這一民族文化史或文明史的折射與積澱。一種語言的形成演變史與這一民族的形成演變史是平行發展開的。史（指文字記載史）前的語言狀態是非常複雜的。語言的演變因素除了時間、地域，還有語言主體，還有相接觸語言的滲透、交融、換用或混合等等。很難設想，一種游移於文化史之外的語史研究模式，一種建立在並不完整的文化史觀之上的語史研究模式，一種得不到考古文化研究成果支撐的語史研究模式，能滿足對這種語言演變歷史的深入研究。本專題從語言史與文化史角度對通行的四種理論模式逐一加以評論，繼而提出原始華夏漢語混成發生論，並試圖建立「混合發生・推移發展」的漢語史研究理論模式。

二、評高本漢時間一維直線型模式

本世紀初葉西學東漸之時，中國語言學界發生了深刻的變化，引起漢語音韻學變革的是高本漢。從那以後，占主導地位的是高本漢建立的直線型模式，或稱之為「高本漢傳統」。清代古音學主要依據文獻材料，試圖從中梳理出上古音。這種文獻音韻學在獲得所謂「前無古人，後無來者可也」（王國維語）的贊許同時，也就走到了盡頭。高本漢的《中國音韻學研究》（1915— 1926）所帶來的不僅是西方音標，不僅是比較構擬法，影響最深的其實是他的理論框架。在歐洲十九世紀「生物進化論」思潮熏陶中的高本漢，將西方歷史比較法和傳統漢語音韻研究結合起來，選擇《切韻》作為聯繫古今的樞紐和漢語史研究的作業框架。他認為漢語發展從上古到中古、再到現代方言是一直線的，由周秦古音（詩經韻系與諧聲音系）演變為《切韻》音系，又以《切韻》音系分化出現代漢語各方言。「高本漢用《切韻》這把『刀』把漢語史一切為二，認為現代的方言只能跟《切韻》聯繫，而與《切韻》以前的漢語無關。這就不能不與實際的語言現象發生衝突，而且也必然會影響高本漢對漢語史的研究。」（徐通鏘1991）在複雜語言現象作簡單化的處理中，出現了漢語語音演變史的那種「蛇吞青蛙的隆腹現象」或「橄欖形」。高本漢研究之中的癥結是把《切韻》音系誤解爲單一音系，一方面認定《切韻》是隋唐長安音，另一方面又認爲現在漢語方言（除閩語）都是《切韻》的子語，因而陷入了自相矛盾的兩難局面。由《切韻》音系上溯至《詩經》音系，則出現了漢語音系從上古到中古由簡而繁的分化過程；由《切韻》音系下推至現代方言，則出現了漢語音系從中古到現代由繁而簡的併合過程，這種漢語音系演變簡→繁→簡的橄欖狀態是完全不符合語言發展的實際情況的。（張賢豹1984）

高本漢直線型模式的失誤有三。其一，抽去了語言的橫向空間差異，僅以一維的縱向時間差異貫穿紛繁複雜的語言現象。其二，以建立在印歐語言基礎上的譜系樹理論硬性框範東亞語言，用語言分化論處理中古漢語與近現代漢語各方言的關係。其三、撇開漢語言的歷史文化背景與未解漢人對漢語音韻的心理感受。

與高本漢的「西洋鏡」下觀《切韻》不同，中國學者普遍認爲《切韻》是綜合音系。作者陸法言說得很明白：「因論南北是非、古今通塞，欲更捃選精切，除削疏緩，……遂取諸家音韻，古今字書，以前所記者定爲《切韻》五卷。」顏子推認爲「共以帝王都邑，參校方俗，考核古今，爲之折衷。」長孫納言說《切韻》「酌古沿今」。封演說「法言與顏魏諸公定南北音」。李涪批評陸氏「採諸家纂述而爲己有」，譏刺《切韻》「吳音乖舛」，從另一方面證明了《切韻》非一時一地之音。清人閻若璩以爲「參合南北而後定之」。江永認爲「雜合五方之音」。晚近章炳麟以爲「兼有古今方國之音」。黃侃以爲「乃包舉周漢至陳隋之音」。王國維說「《陸韻》者，六朝之音也」。陳寅恪言「以複合體即以洛陽京畿之音爲主，且綜合諸家師授兼受納各地方音而成者」。諸家所言或重古今，或重南北，或兼而論之，然皆不以爲《切韻》

爲單一音系。從史實來考察，永嘉南渡，洛中君子，多在金陵，江南學子，爭仿「洛生咏」。歷宋齊梁陳，形成了源於洛陽，而在金陵得到發展和修飾的文學語言系統。（張琨1972）這一「金一洛」文學語言系統，從時間上縱貫古今，東晉洛生咏爲古，南朝金陵音爲今；從地域上兼及南北，江左建康爲南，中原洛陽爲北。到隋初，北留中原洛音摻雜夷虜，南遷金陵洛音浸染吳越。陸法言諸人相聚論韻，「折衷于金陵洛下」，即是論南北是非，疏古今通塞；「剖析毫厘，分別黍累」，即是審定正音，從分不從合。（李葆嘉1992b）

對某一方言語音進行共時的單純性描寫，這是西方語言學的傳統，也是現代語言學的特徵之一。而在五、六世紀之交的中國，沒有人覺得有必要對一個活的方言做單一詳細的描寫。西方語音音素組合的繼起性與屈折變化性導致了音素式語音分析方法的產生，方言之間的差別通過詞語中的音素差別顯示出來（比如古希臘語就有四種方言），因而較早形成單一音系的觀念。中國語音音素組合的共起性與音節的附義性決定了漢人對語音自然感知的音節性，導致了對漢語方言的差別理解爲語詞的不同（楊雄的《方言》即是明證）。因此，儘管已知南北朝音韻「各有土風，遞相笑非」，但並未產生現代語音學的這種單一音系觀。與之相反，綜合性是漢語音韻研究的人文傳統之一，泛時（泛域）性是漢語傳統音系研究的基本屬性之一。單一音系的描寫與音素式析音方法與記音工具密切相關。沒有這一工具，則無從準確辨析語音，無從把握單一音系的範圍，因而也無從建立單一音系觀。漢語單一音系觀的形成是在以八思巴字譯寫漢語的元代（見《蒙古字韻》）。高本漢、馬伯樂等人因爲不了解中國語言的文化歷史背景，不了解漢人對語音的自然感知和心象，不了解漢語音韻研究的傳統，而以印歐語言學的「眼光」透視《切韻》音的性質，把陸法言「捃選精切，除削疏緩」的審音之舉誤以爲在隋初時的長安做方言調查。

高本漢「三點一線」式的直線型研究模式的表層是一維語史觀，而深層的文化史觀是「文明一元擴散論」。由於此模式隱含的「黃河文明中心論」滿足了人們潛在的民族情結，並且因爲簡單化而便於作業，從而在西學東漸之際得到了中國語言學界的普遍認可，並因襲至今。

高本漢以後，漢語音韻的斷代研究取得重要進展。漢代、魏晉、南北朝、隋唐音系的研究，專書的反切系聯考音（如《經典釋文》、《原本玉篇》、玄應《音義》、慧琳《音義》、徐鉉《說文》反切、徐鍇《說文》反切）、唐詩宋詞的用韻歸納，元明韻書（《蒙古字韻》、《中原音韻》、《洪武正韻》、《西儒耳目資》等）的音系梳理，皆取得了重要的成果。崇岡（1982）設想，如果能擬出十個代表不同歷史時期的、以文獻爲依據的語音系統來，對於漢語語音史的研究將會產生積極的作用。這十個語音系統是：

甲骨文語音系統　　早期金文語音系統
《詩經》語音系統　　漢魏語音系統
《切韻》語音系統　　晚唐五代語音系統
宋金語音系統　　《中原音韻》語音系統
《韻略易通》語音系統　　《李氏音鑒》語音系統

然而，這一設想是在高本漢「三點一線」格式上的延展，仍然是以《切韻》爲中樞的「十點一線」。

王力的《漢語語音史》（1985）滙結了近年來的斷代研究成果，並以九個斷代音系前後貫穿，又以《歷代語音發展總表》

展示了漢語語音的直線型演變。（王力1985:490）王力贊成羅常培「《切韻》的性質本是一部兼綜『南北是非、古今通塞』的音滙」和陸志韋「《切韻》代表六朝的漢語的整個局面，不代表任何一個方言」的論斷。（王力1985:5）在肯定「《切韻》音系對於漢語語音史的研究，有很大的參考價値的」（王力1985:5）同時，卻完全拋開《切韻》，根據歷史的時間順序把漢語史分九個時期。在每一個時期中大體上選擇一、兩個有代表性的作家，根據他們的韻書、韻文或反切材料整理出各個時期的音系，而後比較異同，整理出語音發展的規律。這一系統取消了高本漢模式的《切韻》樞紐地位，因而克服了語音史的「橄欖狀態」，然而並沒有擺脫直線型理論模式。

王力在漢語史的研究中拋開空間的差異而單純追求時間的線索，他把現代方言做爲漢語語音發展的歸宿點，而沒有把現代方言也做爲漢語語音研究的始發點，即從方言差異的比較中去探索語音的發展，對歷史上「死」的書面材料做出「活」的解釋，因而與高本漢的研究相比，在文獻資料的運用方面前進了一步，但在方言材料的運用方面則後退了一步。（徐通鏘1991:140）漢語語音史的研究，除了現代方言的描寫、闡釋和利用，還有古代方言的考慮、鑒別、離析、描寫與闡釋。這種古代方言爲「五方殊語」，包括諸夏與非諸夏語。王力一方面認爲「漢語自古有方言的存在」，另一方面又說：「在各種同時代的語音史料中，有沒有方言的差別？在同時代的詩人用韻中，有沒有方言的差別？這些都是很難解決的問題。我曾經把《詩經》的十五國風分別研究過，沒有發現方言痕迹。」（王力1985:11）因而在他的語音史研究操作中實際上排除了歷史上的方言。根據《左傳・文公十三年》所記壽余誘士會與《孟子・滕文公下》所記楚子傅於齊人，可知當時秦語與魏語、楚語與齊語不能直接通話。而且，在周秦兩漢文獻記錄中，已經可以見到代表南方語言系統的楚語和淮南地區的方言材料。陳第以爲《詩經》「作之非一人，採之非一國」，「韻其時之方音」。顧炎武作《詩本音》，但又承認《易經》用韻「或出於方音之不同」。戴震《聲韻考·古音》說：「列國之音，各有正音，不可強齊之也」。研究中沒有發現方言的差別，其原因要從研究方法中去尋找。韻腳系聯的結果是音類，音值的差異被掩蓋了，一些音類的差別又被所謂「合韻」所消解。

顯而易見，「王力在《漢語語音史》中提出的關於漢語語音史研究的理論框架是對他早年追隨高本漢進行漢語音韻研究的一次自我否定」，「在漢語史分期、現代方言與《切韻》的關係以及漢語史研究的方法論方面的一系列重要問題上，王力與高本漢都產生了不同的看法」，（徐通鏘1991:138—139）但是，王力的系統並未跳出高本漢模式「點線一維」的窠臼。每一個時期只有一個音系且前後相續直接承傳的漢語語音史系統，僅是對高本漢模式的修補與擴展，還不能認爲建立了一種與之不同的新的成熟的漢語史研究的理論模式。

在本世紀初，高本漢的中國古音學研究使人耳目一新。在他的影響下，許多學者投入了中國古音重建工作，促使漢語音韻學從傳統邁向現代。毋庸置疑，高本漢模式曾使中國古音研究取得令人矚目的成果，但是，在日益深入的研究中，人們已經普遍覺察到「高本漢傳統」的不足，而新的理論模式，在懷疑和反省以後應運而生。

三、評普林斯頓方言逆推型模式

作爲現代漢語音韻學奠基者的高本漢，自認爲是肯定無疑的中國古音研究成果，後來受到了嚴厲的批評和廣泛的修正，這使他感到意外和震驚。（易家樂1979）然而，無論是趙元任、李方桂、董同和，還是馬丁（samuel Matin）、蒲立本（E.A. Pulleyblank），都是針對高本漢中古或上古漢語的構擬提出的局部或徹底的修正，尚未涉及高本漢的宏觀研究模式。

六十年代中期，美國普林斯頓大學「中國語言學計劃」研究中的一些學者，批評了高本漢的漢語古音研究方法，主張以現代漢語方言爲研究古代漢語的基礎，而不必參考古代文獻記錄的證據，提出了「普林斯頓假說」（Princeton hypothesie）。參與這一研究的學者們被稱爲「普林斯頓學派」（Princetonian）。他們認爲《切韻》音系以及由此上推得出的上古漢語並不能完全代表漢語的祖語，批評了高本漢的簡單和單一的發展體系。具體的操作程序是，以現代方言爲基礎給每一種單獨的方言群分別構擬出它們的原始語，如原始官話、原始客家話、原始吳語、原始閩語等等，此後嘗試構擬一個全面的古代原始漢語。構擬出來的這種全面的原始漢語，不是一個統一的、一致的語言，而是帶有內部變異的若干種歷時系統。這種原始系統的某些特徵用傳統的音韻學方法是構擬不出來的，這些特徵僅保存於一些邊遠的方言群如閩語之中。（馮蒸1991）這一學派的主要研究成果有：華盛頓大學教授羅杰瑞（Jerry L.Norman）的《原始閩語的聲母》（1974）和《原始閩語的韻母》（1981）。耶魯大學教授司徒修（Hugh M.Stimson）的《漢語原始北方話的研究：北京話的陰平調》（1969），喬治亞洲立大學教授貝樂得（William L. Ballard）的《原始漢語：塞擦音初探》（1968）和《原始湘語及其他》（1970），華盛頓大學教授美籍華人余靄芹（Anne Y. Hashimoto）的《原始粵語的輔音和複輔音》（1970），喬治城大學教授美籍華人楊福綿的《原始漢語的前綴*S—》（1975）以及歐柯諾（Kevin A.O'connor）的《原始客家話》（1976）等。「普林斯頓學派」這一名詞已經成爲一個語言學術語，即「有興趣以現代方言資料爲基礎進行構擬的漢學家」。對「普林斯頓假說」，本文暫冠以「方言逆推模式」。

顯而易見，利用現代方言爲基礎構擬早期漢語的逆向推溯模式，是對一味依賴文獻、僅將現代方言作爲音值構擬參考的高本漢傳統的反動與挑戰。應當指出，高本漢本人很早也提出過類似的設想。（馮蒸1991）中國學者周法高也曾說：「我們可以說：過去的擬測，大部分仍是根據文獻上的材料，現代方言只是用來幫助音值的考訂，並沒有能充分使用比較的方法。照說應該根據現代各系的方言，各個的擬測出較早的階段（如早期官話、早期吳語、早期閩語、早期粵語等），再進一步擬測出它們的共同母語，這才是比較方法的正當途徑。」（周法高1955:37）由此可見，一些中西學者在這一問題上的見解是不謀而合的。在中國，有一些學者對這一理論模式表示贊同，如嚴學窘（1985）、馮蒸（1991）等。但是一些學者則對這一理論模式表示懷疑，甚至做了較爲嚴厲的批判。李方桂認爲「周代無疑存在方言，有些差別還能看出來，但要系統地構擬上古方言，證據還太少。比方說，根據現代方言材料，構擬原始閩方言是有可能的，但由於缺乏早期的文獻根據，構擬會不著邊際。」（1977）張琨則批評道：「運用現代的方言材料研究漢語史一定要參照《切韻》，但是又不能完全拘泥於《切韻》。完全拋開《切韻》是不對的。羅杰瑞寫了一篇原始閩語的韻母系統的文章，完全不管《切韻》，忽略閩語中的文白異讀，這是不對的。重建原始方言的目的是爲了研究漢語史，爲了充分利用現代漢語方言的豐富材料，同歷史上留下來的可以參考的書面文獻結合起來，使漢語史的研究建立在更扎實、更科學的基礎上。如果完全不管文獻材料，完全不管《切韻》，那建立起來的各個原始語言如原始北方話、原始吳語、原始閩語、原始粵語等等，相互之間可能風馬牛不相及，那怎麼能進一步弄清漢語的歷史發展呢？所以，完全拋開《切韻》，一定會把漢語的歷史搞亂，甚至會得出現代漢語的各個方言歷史上不同源的荒誕結論。」（徐通鏘1984）游汝杰對羅杰瑞的原始閩語語音擬測持懷疑態度，並進而指出：「這個方法的致命弱點是，所謂『原始閩語、原始粵語、原始吳語』等『原始方言』的概念本身能否成立是值得懷疑的。這個概念以閩語爲例，是假設古代某一時期在某一個地點存在一個內部一致的原始閩語，後來使用原始閩語的人民在同一個時期四散移居在不同的地點，久而久之原始閩語分化成不同的支派。這種假設有悖於方言區移民的史實。……從移民史的背景來看，各地閩語並不是從形成於一時一地的『原始閩語』分化而來的。」游汝杰又對羅杰瑞「利用現代方言材料構擬原始方言的另一個出發點」即「現代方言中的所有語言形式都是從原始方言逐漸演變到現代的結果」做了批評，「但是實際上現代的各種漢語方言，每一種都是產生於各個不同歷史層次的語言成分的堆積。……所以如果一視同仁對待各種材料，用於構擬原始方言，顯然是不合理的。」（游汝杰1992:109）

普林斯頓學派的方言逆推模式，牽涉到如下問題。㈠方言區內部的地域差異性與共時可比性。各大方言區內部的方言或土語群之間的差異性並不平衡，因而有些方言差異度低，有些方言差異度高。豫燕語（不包括晉語、徽語、江淮語的北方官話）內部較爲一致，差異度偏低則可比性偏低，構擬出來的早期語言與所據方言較爲近似。閩語有「十里不同音」之稱，內部分歧嚴重，差異度偏高則可比性較高，構擬出來的早期語言與所據方言差別較大。可以這樣認爲，方言內部的差異度與可比價值成反比，而可比度又與構擬結果的復原度成正比。㈡方言區內部的地域差異性與歷史層次性。各大方言區內部次方言或土語群之間因其形成時間的先後而可能處於不同的歷史層次。從時空觀照的立場出發，方言區內部的地域差異也同時反映著這一方言的時間差異。因此，在構擬早期語言時，將這些具有不同歷史層次的方言語料放置在一個平面上是不適宜的。應當採取分層構擬的方式，即將這些方言語料分層處理，構擬出時間上由今漸古的相互連續的代表不同歷史時期的幾套音系。㈢方言的存古度與構擬結果的年代性。依據現代方言爲基礎直接構擬出來的早期語言，約當於什麼年代的早期漢語面貌？如果拋開文獻記錄，僅僅依賴活語言，構擬結果的年代則無從確定。若以傳統的中古音系爲參照物，各方言的存古度是不同的，因而構擬出來的早期語言並不處於同一個歷史層面。關於南方方言形成的歷史層次，或以爲吳語（湘語）是第一層次，粵語是第二層次，閩語是第三層次，客（贛）語是第四層次。（周振鶴、游汝杰1986:52）這是依據語言分化論從發生學角度所做的一種假定。有證據表明，南方語言原來是非漢語言，由於秦漢以來漢文化與漢語言的擴展才使土著語和漢語混合成漢語方言，因此這些南方方言中都可能殘存著土著語的底層成分。（陳忠敏1987）撇開這些非漢底層成分，由於古代漢語擴展的時期不同或方言演變的差異，閩語、粵語、吳語、湘語、客家語、徽語、贛語、江淮語、晉語以及豫燕語各自的存古度各不相同，大致呈遞減狀態。若以現代閩語爲基礎構擬出來的早期閩語可能約當於中古以前的漢語言；若以現代粵語爲基礎構擬出來的早期粵語可能約當於隋唐時的漢語言；若以現代江淮話爲基礎構擬出來的早期語言可能約當於元明之際的漢語言；若以現代豫燕語爲基礎構擬出來的早期語言可能約當於明清之際的漢語言。可見，依據現代各方言構擬出來的各個早期方言並不處於同一語史平面上，由此繼而再上推原始漢語有著極大困難。㈣南北語言的異源性與原始漢語的異質性。根據考古文化，中華大地上在新石器時代沒有單一的原始母文化，這就表明沒有相應的單一的原始母語，（張韋鋒1989）人種體質類型的差異也支持著這一結論。（余志鴻1987、1990）原始華夏漢語可能是混合語。南北語言也不是簡單的一語分化，現代漢語的南方方言是秦漢以後華夏文明與語言對周邊不同的文明與語言逐步擴散且同化程度各別的結果，與之同時，華夏漢語也受到周邊語言的浸染而發生了劇烈的嬗變。不僅南方如此，就是北方方言也是原始華夏語逐步同化的結果。「九州之人，言語不同，生民已來，固常然矣。」（顏子推《顏氏家訓》）三代「五方之民，言語不通」，戰國「言語異聲，文字異形」，漢代依然是「古今言殊，四方談異」。楊雄所謂「方言」即「邦言」，是不同的語言。方言之間的差別不僅是語音的差別，而且是詞滙、語法的差別。因而《方言》一書表現爲詞語的網羅，而「轉語」則是不同邦言相互借詞引起的音變。

普林斯頓學派企圖以方言爲基礎逆推原始漢語，雖然使用的材料及操作方法與高本漢大不相同，但立論的語史觀即「漢語一元分化論」還是如出一轍的。因此，高本漢本人曾經有過利用方言直接構擬早期漢語的設想，也就不足爲奇了。顯而易見，利用現代方言構擬原始漢語的逆向推測模式，是對一味依賴文獻、僅將方言作爲構擬音值參考的高本漢傳統的反動和挑戰，但是全然拋開歷史文獻，將漢語的演變發展與沒有文獻的語言的演變發展等而同之，不僅不能恰當地重建歷史漢語，而且會「差之毫厘，失之千里」。

高本漢的中國古音研究，在採用西方歷史比較法的同時，除了依賴《切韻》音系，還繼承了清代學者古韻分部的研究成果。換言之，用歷史比較法處理了中國文獻語音。普林斯頓學派則企圖用歷史比較法來處理中國現代漢語方言語音，將在印歐語土壤上形成的語言譜系說作爲適用於人類語言科學的普遍眞理、絕對眞理。印歐語具有極其豐富的歷史文獻和最適合語言比較研究的文字及形態特徵。印歐語諸語言屬於同系似乎是不言自明的，問題是如何「證明」。一方面，印歐語在詞的語音結構和形態變化方面的特徵，爲比較法提供了成功的可能；另一方面，其語言資料的年代古老得無法比擬，梵語、古希臘語、赫梯語、拉丁語都是公元前的資料，並不需要先調查各種現代語言或方言，然後一步一步再追溯祖語的比較研究。如果從現代法語、俄語出發，印歐比較語言學自身能否成立，也很值得懷疑。（橋本萬太郎1985:11—14）橋本萬太郎曾經分別取法語、西班牙語和意大利語基本詞滙3000個來構擬祖語，「不要說拉丁語，就是俗拉丁語也構擬不出來」。由此可見現代語言的存古度制約著構擬的復原度。與之相關的另一個問題是構擬的可信度。如果是一語分化的方言，以之爲基礎而構擬的祖語尚且可信；但是，如果是逐步同化或混合形成的方言，以之爲基礎而構擬的祖語則令人生疑，除非首先離析出方言中的異質因素。印度英語已成爲道地的英語方言，但其中攙入了固有的印度語音系統，如果後人不知道其中的經緯，用倫敦英語和印度英語來構擬英語祖語，可信度有多少呢？（橋本萬太郎1985:202）由此可見，如果我們沒有古老的音素式文獻語料，如果我們無法離析方言的異質性，如果我們無法認定「語言的等質原始體」，祖語的構擬大概只是「語言的神話」。

四、評張琨時空二維差異型模式

高本漢模式與普林斯頓模式，都是以「西洋鏡」觀察漢語史，難免游移於中國語言文化史背景之外。美國伯克利加州大學東方語言系教授、美籍華人學者張琨，在漢語古音研究中揭示出上古漢語和中古漢語之間存在著比時代差別更大的區域差別，注意到結合中國政治和文化中心的轉移來考察漢文學語言基礎的變異。張琨以時空二維框架研究漢語語音史，強調南北方言差異，建立了新的理論模式，本文姑且名之「差異型理論模式」。他的主要研究成果有：《古漢語韻母系統與〈切韻〉》（1972），《論中古音與〈切韻〉之關係》（1974）、《漢語音韻史中的方言差異》（1975）、《〈切韻〉的綜合性質》（1979）。

張琨的漢語史研究理論模式，可以說由三部分構成：語料性質鑒定、語史觀、研究方法。語料鑒定主要是指對《詩經》音系、諧聲音系、《切韻》音系的性質認定。張琨認爲《詩經》音系是以「口說」的活語言爲基礎的流行於黃河中游的周代雅言音系。「我們假定這些材料多少是內部一致的，同時也代表著周代黃河中游盆地的讀音。雖然《詩經》諸篇的來源不同，但它們在周代已經成爲讀書人的共同財產，常在宴享之際吟咏。這意味著讀音的標準化。」（張琨1979:9）「可是《詩經》只代表北方方言的語音系統，它未必是現代各個方言的祖宗。」（徐通鏘1984）張琨認爲諧聲音系是當時的標準語音系。「聲符不代表邊區方言，要使得大家都能接受，聲符必須以當時的標準語爲依據。我們認爲諧聲字不大可能反映《詩經》後的方言。」（張琨1972:83）因此，清儒對《詩經》韻部的研究成果，張琨予以認同。漢語史研究的關鍵是對《切韻》音系的認定。張琨依據陳寅恪《從史實論〈切韻〉》和周祖謨《〈切韻〉性質和它的音系基礎》，進一步明確《切韻》是「一部有綜合性質的韻書，代表的是公元 601 年以前若干百年不同地區的方言」。（張琨1979:9）開皇初年長安論韻學者，三位（顏、蕭、劉）來自金陵，其餘都來自鄴（今河南臨漳）。審音標準，「折衷于金陵、洛下」，而「蕭、顏多所決定」。所「取諸家音韻」，呂靜《韻集》與夏侯該《韻略》居於決定性地位。《切韻》取呂書者有二十七例，取夏侯書者有三十四例。而呂書代表早期北方的讀書音，夏侯書代表較晚南方的讀書音。魏晉北方的「洛生咏」蓋可溯源至漢代經書口授傳統，而不是洛陽平民的白話音，呂靜《韻集》代表這一傳統。中原漢人南移，也把傳統的吟咏標準帶到南方，南部方言對這個讀書音的標準產生了影響，從而形成了源於北方、而在南方得到發展的金陵書音。至南朝末年，雖「南染吳越，北雜夷虜」，但「冠冕君子，南方為優」。張琨認為，《切韻》的目標就是為了保存這一新的標準讀書音，這是一種「看」的非自然語言。（張琨1979:15—16）

張琨的語史觀表現為：漢語原始系統假想說、漢語南北平行發展說和文學標準語基礎變遷說。張琨認為：「方言差異無疑是自古而然的現象。免於差異的原始漢語是一個雖不實際但有用的抽象物。」（張琨1975:56）他批評道：把原始漢語設想為一個語言，後來才分裂為方言群，這是荒謬的假設。「早期漢語方言必定比今天更為複雜，一個小的、相當孤立的部落必有它自己的語言。後來由於科技的進步，人口的繁殖，語言接觸的機會增多，也越趨頻繁，方言越來越加感受標準語統一的影響力」。因此，張琨所構擬的原始系統，「不是一個歷史上的語言，而是一個假想的對立系統」，是以最簡單、最合語言實際的辦法來解釋已知的歷史文獻上的記錄的一個抽象系統。（張琨1972:90）既然方言的差異並非起於晚近，「漢語音韻史的文獻不但代表的時代不同，同時代代表的方言也不同」。（徐通鏘1984）早在周秦、兩漢時期的文獻記錄裡已可見到代表南方傳統的楚語和淮南地區的材料，因此，整個漢語史南北平行的發展必須得到正確的描寫。在《漢語音韻史中的方言差異》（1975）一文中，張琨具體考釋了早期漢語南北平行的三種音韻變化。張琨進而指出：「在中國歷史上，不同的方言曾在不同的時期裡占有標準語的地位」，「隨著政治及文化中心的轉移，標準語的基礎也由一個方言突然換成另一個方言」。（張琨1972:84）他認爲，周秦漢的文學語言基礎是北方方言，而齊梁是南方方言，到了唐宋元明清又復以北方方言爲基礎。因而將《詩經》音系、《切韻》以及《中原音韻》擠成一條發展直線，無異是粗疏地扭曲了事實眞相。正如他的學生張賢豹所言：「新的學說不單是重視現代方言的差異，也同樣重視古代漢語方言的差異。」（張賢豹：1984）張琨以方言差異爲前提，才確立了時、空二維漢語發展歷史觀。

在語料鑒定和二維語史觀的基礎上，張琨制定自己的研究方法。這些方法可概括爲方言投影法與音變追溯法。他說：「現代漢語的各個方言的差別能反映漢語的歷史發展，《切韻》既然不代表一時一地的語音系統，而反映當時各地方言的特點，那麼，它實際上也就反映了漢語的歷史。」（徐通鏘1984）張琨從《切韻》的平面系統中去挖掘漢語音韻的縱向歷史演變。他把《切韻》稱爲「中國的一部音韻史」，據此可「投射」出漢語的原始系統。當然，原始漢語的建立，也可以適當參考詩韻和諧聲；音值的確定基本上是根據現代方言。與國內的語音史研究主張分期作業不同，張琨認爲研究漢語音韻史不要分期，不要劃線，應當充分運用現有的方言材料，參照有關的文獻，首先集中研究十幾、二十個重要的音韻變化，然後再用合理的辦法分析這些變化的前後時代關係。（徐通鏘1984）透過這些論述，我們可以推測，張琨不贊成用譜系樹理論來解釋漢語方言的形成和發展，而傾向於使用波浪說。

張琨的差異型理論模式，得到海內外一些學人的贊同。張賢豹（1984）認爲1972年是漢語音韻學的分水嶺，這一年張琨夫婦發表了《古漢語韻母系統與〈切韻〉》，在這以前是高本漢時代，這以後是張琨時代。嚴學宭認爲普林斯頓假說的研究方法「難度大、費時久」，而張琨的「作法較爲現實，較能取得效益」。（嚴學宭1985）徐通鏘認爲張琨設法把時間和空間結合的原則貫穿於語言史研究的始終，強調漢語史研究中的方言分歧是非常正確的。他評論道：「王力與羅杰瑞，一個只研究書面材料，一個只比較研究方言的差異，但在處理《切韻》在漢語史研究中的地位時，他們走到一起」，都把《切韻》放在一邊。（徐通鏘1991：147）「張琨則正好相反，他充分利用《切韻》反映『南北是非，古今通塞』的特點而去清理語言發音的線索，爲漢語語音史的研究提出了一個新的理論框架。」（徐通鏘1991:141）然而，在國內採用張琨模式研究漢語音韻史的文章並不多見，這大概還是由於古代方言材料性質難以遽定，鮮有系統。

在張琨模式中，依然還有不少問題尚須深入探討。何爲古代北方方言？《詩經》音系時跨六百年，地越十餘國，是否就是一個內部一致的系統？「若干來源不同的痕迹」（張琨1972:85）的後面是什麼？戰國「言語異聲，文字異形」，諧聲字的產生跨度千年，有何證據表明諧聲系統是單一音系？關於諧聲的異時泛域性，趙誠（1991）做了翔實的研究。何爲古代南方方言？與華夏漢語是同源還是異源？南方方言是如何形成的？是中原漢語南遷的獨立發展，還是與當地非漢土著語言的滲透混合？先秦及漢代的文學語言是北方方言，是否意味著《詩經》與《楚辭》音系相同？如二者不同，那麼是否應認爲秦漢文學語言就有南北之別？齊梁的文學語言基礎到底是江南吳語，還是南遷中原漢語的南方化後裔？唐宋兩代的文學語言基礎，雖同爲北方方言，是否應有「秦音」與「洛音」之別？靖康之難，中原士人南遷，中原雅音又移金陵，這一歷史事實對近代漢語語音的發展作用如何？明清官話的基礎方言是「北音」，還是「南音」？日本明治九年（1876）才宣布把以往的漢語學習對象「南京話」改爲「北京話」。（六角恒廣1992）如果以爲把原始漢語設想爲一個語言是荒謬的假設，又如何認定早期的一些語言是漢語方言？原始漢語爲何時之語言，又從何而來？原始閩語、吳越語、楚湘語等與原始漢語是同一語言還是不同語言？中國秦漢時代的「方言」概念與西歐及現代語言學的「方言」概念有何異同？凡此種種，只有結合考古文化系統及相關史料，結合人種體質學研究與人口遷移史，只有把華夏漢語的形成與延伸置於東亞大陸農耕文明與游牧文明持久衝突的歷史背景上審視，才有希望解決。時空二維差異型模式雖然較高本漢時間一維直線型模式有所進步，但仍然未擺脫狹隘的「文明一元分化論」，對中華大地上的區域文明的複雜性、漢語主體形成的複雜性及漢語形成和發展的多源異質性、推移整合性尚未有清晰的認識，因此，在深層文化史觀上二者尚無本質區別。

如果回顧一下清代學者古聲紐研究中的兩種理論模式：錢大昕的雅音歸並模式與戴震的方言流轉模式，就會發現，高本漢直線型與錢大昕歸並模式相一致，而張琨差異型與戴震流轉模式多近同。（李葆嘉1986）本世紀初，由於高本漢的介入，漢語音韻史研究中直線型模式長久占據主導位置，究其深層原因，與其說是西歐歷史比較語言學的威力，不如說是錢大昕創說的深厚影響。在古聲紐研究中，錢氏的「古無說」言必稱譽，而戴氏的「轉語二十位」受到冷落，甚至不予認可。一些語言學史書中，論及古聲紐研究，清儒唯標舉錢大昕，而無一字涉及戴震，其根本原因就是對戴震的方音流轉模式視而不解。從一個方面表明了一些大陸學者對漢語史研究模式探索的漠然傾向。

五、評橋本萬太郎地理推移型模式

二十世紀七十年代，東方語言學界最引人注目的是橋本萬太郎的語言地理類型學理論的建立。已故橋本萬太郎教授六十年代在美國就與白保羅等人創辦國際漢藏語言學會，1972年歸於日本，先後在朝鮮半島、香港、尼泊爾、中亞等地考察，湧現出東亞大陸語言類型地理推移的設想。在其著作《言語類型地理論》（1978年），將漢語置於東亞語言結構類型連續體（con-tiummn）之上，從南方語向北方語「横」的推移（latitudinal transition）與上古漢語向現代漢語「縱」的演變二者之間的對應驗證，展示了漢語形成和發展，建立了漢語史研究的「推移」模式。

橋本的「推移」理論模式可概括爲三個部分：語言的文明類型與語言的不同演變、語言的區域推移與語言的歷史演變、漢語的歷史背景與漢語的異質屬性。

印歐語自遠古以來各自獨立發展而分布到廣大地域，主要原因是有史以來說印歐語的人以畜牧爲主要生產方式，語言隨著牧場的遷移而遠播。橋本將這種情況下得到發展的語言名爲「牧畜民型」語言。或以爲印歐語中數詞比親屬名詞穩定，是爲了維護地中海通商圈。因此羅杰瑞建議，把「牧畜民型」改作「通商民型」或許更妥當。有證據表明，人類文明史上最早的通商活動肇始於兩河流域的蘇美爾人，而後延伸至地中海東岸的腓尼基一帶。腓尼基人製造了商船，開避了地中海上的通商貿易，並與北非的埃及、愛琴海的南歐相往來，形成了早期地中海通商圈。因而，我們認爲印歐語言爲「牧畜民型」，儘管後來操這種語言的南歐人成爲通商圈的一部分，但閃含語系才是「通商民型」語言。橋本認爲，東亞大陸的語言發展非常不同，這一地區的文明是以某個文明發源地爲中心（暫且認爲以黃河中游爲中心）非常緩慢地同化周邊民族，語言也是通過相同方式發展起來的。這一地區的經濟主要是農耕，因此，橋本把這種緩慢地同化周圍語言而發展的方式稱爲「農耕民型」，亦即東亞大陸的語言是與印歐語不同的「農耕民型」語言。由於語言的文明類型的不同，因此研究的模式也不應相同。「牧畜民型」的印歐語有可資比較的在廣大地域中互無接觸地（日爾曼人知道印度人的存在，大概是幾千年後的事）獨立地發展起來的古代語言資料，構擬祖語自然能夠獲得成功，語言譜系說自然是研究印歐語的適宜模式。「農耕民型」語言由於被其中心語言的同化和不斷借用，要想闡明這種同化的組合過程，採取譜系說或根據比較法來構擬祖語則非常困難。所謂同系語言到底是什麼？「同系」這個詞往往給人以從同一祖先分得血液的印象，但事實上是指借用或同化的部分。因此，橋本提出了東亞大陸語言的「原形」概念，以區別於比較語言學上所說的「祖語」或「祖形」。（橋本　1985:187）橋本對「譜系樹」說提出根本性的質疑，借鑒「波形擴散」說闡明各語言結構發展的機制，建立了語言發展上的農耕民型模式。

與牧畜民型語言不同，農耕民型語言首先必須假設本來就有著各種各樣的不同語言，然後產生了某個文明中心即語言中心，中心緩慢地同化周邊，而使各種語言成爲一種語言。這裡沒有等質的原始體的假設，也不承認語言的直線式發展。在這不斷擴散同化中，看到的是語言的區域差別可能比時代差別更大，由此而形成語言的歷時演變與區域推移互爲驗證的觀念。橋本認爲東亞大陸語言的一個特點，就是突破了所謂的「語系」差異，形成了一個完整的結構連續體。以此爲模式，橋本分析了句法結構、基本詞滙與音韻結構的推移。漢語句法由古及今從順行向逆行的演變，與南方漢語順行而北方漢語逆行的區域推移相一致。南方語言音節結構ＣＶＣ，而北方大部分是ＣＶ；南方語言聲調多，而北方少；南方單音節多，而北方趨少；南方語詞單音節多，而北方複音節詞多。這些都形成由南到北，或由北往南的區域性推移。

依據「推移」模式研究漢語，這種漢語就不再是一種封閉的、僅具時間性的、以分化爲發展方式的語言系統，而是一個在複雜的歷史背景中不斷同化周邊語言的同時並且使自己異化的非等質語言系統。橋本認爲，連結「南」（南亞諸語）「北」（阿爾泰語）的漢語，直到近年來才查清它的語言結構絕不是等質的。直到不久以前，人們還印象地以爲漢語方言的差異主要在語音，而這種差異通常又理解爲詞語發音而不是音韻結構。我們今天能看到的古代語言資料，其實是綜合了那些異質的語言要素而確立起來的書面語；本來是方言或語言的差別，在這種書面語裡「統一」了。

由於考古學家在大陸南端泰國東北部發現了距今四、五千年前的青銅器文化，因此白保羅（1976）提出南方語言文化向北方傳播的形式來建立東亞大陸語言形成的學說。但橋本認爲，在東亞大陸實際發生的民族移動和社會變遷的脈絡，一直是從北向南展開的。中國北方的「中原」地帶，自古以來，經歷過北方游牧民族不知多少次的反覆入侵，過去的十個世紀的大半時間「中原」都處在北方阿爾泰諸民族的控制下，同時又有衆多的漢人遷往關外。今天我們所說的中國的文化、政治中心地的人口，相當部分實際上是契丹的移民、女眞的後裔、滿族的子孫。由此，橋本提出了中原漢語的「北方化」或「阿爾泰化」論。而南方漢語，根據其夫人余靄芹博士的假設，如閩語、粵語都是古代「百越」語言被「漢化」的結果。並且進一步明確，「對於現代的語言學家，最有興趣的是探討語言結構發展的原理。因爲一個語言裡的各種共時的非規律性，都源於這些發展的結果；而語言歷史上的演變，大部分都不是由該語言內在的因素引起的。那麼，比親屬關係更重要的是跟周圍語言的互相影響，和作爲其結果的整個結構的區域性推移和歷史發展。」（橋本1985:204）

橋本的語言地理類型學說雖然上升到普通語言學理論高度，論例涉及到一些非漢語言，但其落脚點仍是漢語史，以空間推移追溯歷時演變。其推移模式不僅針對音韻結構，而且涵蓋句法結構與基本詞滙，因而是一個完整的漢語史研究模式。橋本的研究不僅承襲了施密特的「波形擴散」說，而且運用了文化圈理論，語言區域推移過程與中心文明傳播過程互爲表裡。橋本的觀點衝擊了大陸語言學界的理論寂寞，余志鴻翻譯了橋本的書，一些學者做了介紹。朱德熙（1985）讚賞其書衝出了索緒爾「歷時和共時截然分開」的藩籬，「高瞻遠矚，一空依傍」。然而，也受到了大陸語言學界一些人的冷淡和抵制，據說主要是感情上接受不了「漢語是南北少數民族語言擠壓形成」和「漢語方言原是不同語言」的結論。橋本理論草創，未能進一步臻密，大陸一些學者又未加以深究，其中「漢語南北擠壓形成倫」即是一種誤解，與橋本所論「中原漢語阿爾泰化並同化南方語言」不相切合。至於漢語南方方言原與漢語是不同語言，在秦漢文獻中有明確記載，又何必以今律古。究其原因，國內語言學界受歐洲歷史比較語言學影響太深，以爲譜系樹理論放之四海而皆準，又未能對東西方語言的文化類型差異加以深思，以至於默守「高本」而拒認「橋本」。此外，大陸語言學界在「重事實」、「讓材料說話」的研究主流中，導致了輕視宏觀理論的嚴重傾向，滿足於引進國外理論到漢語中找事實，而缺少跨學科的理論研究。追求「純正」語言研究的中國語言學者，對文化史的研究漠不關心，對史前文化背景了解很少，更不用說運用文化圈、文化區域的理論來觀照語言史。有趣的是，橋本在寫《語言地理類型學》（1978）之前，卻沒有訪問過中國大陸並以爲缺失。有人爲「國內研究出材料，國外研究成理論」而憤憤不平，只緣身在此山中，不識廬山眞面目，這使人感到莫名無言的悲哀。橋本的理論並非沒有缺陷，推移論的基礎「黃河文明中心一元擴展單動說」，與八十年代大陸考古文化研究的成果大相逕庭。但是，其書成於七十年代，倘可理解。然而又正是這一「黃河文明中心說」，與中國語言學界長期奉行的高本漢傳統賴以成立的文化史觀有相通之處。

六、評拉波夫語言變異理論和王士元字滙擴散理論

從世界範圍來看，語言的研究由「語系」轉向「語區」。由「分化」轉向「推移」也是必然趨勢。橋本的理論是在這種歷史背景下產生的。1968年，美國語言學家拉波夫（William Labov）在《語言演變理論的經驗基礎》中提出「變異理論」（Variation Theory）；與之同時，美籍華人王士元（Wang. william s

—y）教授發表《相競的演變是剩餘的原因》，提出字滙「擴散理論」（Diffusion Theory）。

語言變異理論認爲語言不是一個同質的系統，而是一種「有序異質的（orderly helerogeneous）結構」。語言中充斥著各種各樣的變異。變異成分和某種控制因素存在著一種共變關係，常見的控制因素有風格、年齡、階層等。變異規則是在概率爲 X(Y、Z) 的條件下A變成B(D、E)。語言變異的研究著眼於正在進行中的音變，因而是一種微觀的語言史研究，但是這一研究展示了語言的起變、逐步擴散而完成演變的過程，從而表明語言的共時變異既然體現語言的變化，那麼有可能通過微觀的變異去研究中觀、宏觀的語言史，爲歷史上的變化提供具體的解釋，即用「現在的變異解釋過去的演變」。（徐通鏘1991:283）根據變異理論，徐通鏘提出連續式音變和離散式音變，並將此理論用於祁縣方言和寧波方言的研究，從而對歷史上的一些爭論不休的問題重加闡釋。徐通鏘認爲，音系中的變異和語言的空間差異有著緊密的聯繫，變異的社會控制因素也是一種空間，不過不是地域的空間，而是社會結構的空間。不管是語言的社會空間變異，還是地域空間變異，其同源的各個變異形式都可以排成一個系列而代表語言在時間上的發展順序。歷史上已經完成的音變，因爲空間和時間的聯繫環節已經中斷，人們看不清語言發展中二者的一致性，從而出現了關於語言是在時間上發展還是空間上擴散的「規律說」與「波浪說」之爭。而語言變異的研究使人們有可能從微觀去透視宏觀，爲人們從語言的空間差異中去探索語言在時間上的發展序列提供了方法論根據。（徐通鏘1991:322—325）橋本的推移模式與這種觀念有一致之處。

潘悟雲認爲，漢語語音演變特別快，有些音變二十年之內就有可能完成。因此，研究音變必須沖破結構主義的靜態音位理論。實際上，每個音位都是語言社團中千千萬萬個成員口中無時無刻不在變動的音值的概括。忽視了這種隨機性，則無法探討音位的變化過程，更無法闡釋音變機制。（潘悟雲1986），而活的語言音變機制的闡釋，對歷史語音演變的闡釋有不可估量的作用。然而，運用變異理論研究漢語史的成果目前尚不多見。

王士元的擴散理論以爲，語音的變化是突然的、離散的，而這種變化在字滙中卻是逐漸的、擴散的。這一理論對近年來的漢語音韻和方言研究都有影響。美籍華裔學者鄭錦全與王士元合撰的《中古漢語聲母的演變》（1971），陳淵泉的《從中古音到現代北京音》（1976），朱赫爾（Robert A.Juhl）的《陶潛文學作品方言：韻類與韻母》（1976）等文都採用了字滙擴散理論。鄭、王說：「布龍菲爾德以及十九世紀西歐的歷史比較語言學家認爲語音的變遷是從一個音漸漸的不知不覺的游移到另一個音；而語音一旦改變，所有有關的字滙都同時受到影響。事實上，我們發覺許多語言在不同的歷史階段裡都有不同演變規則的字存在，這些例外很有可能就是語音演變的發端，或者是語音演變的末梢所遺留下來的字。而且某些音韻現象如音節裡音位的消失、音位的增入等，都不能從那種游移的觀念來解釋。因此作者認爲語音的變遷在音値上是從一個可辨認的單位到另一個可辯認的單位，而在字滙上平常是漸漸的從一個字擴散影響到另一個字。這種看法可以稱爲『字滙擴散』。作者從字滙擴散的觀點重新觀察漢語一千五百年來在音韻上的各種發展……」。（鄭錦全、王士元1971）王士元對自己的創見頗爲自豪，認爲「詞滙擴散理論，據我所知，是中國語言學第一次影響到整個歷史語言學。」（徐通鏘1984），當然，並非所有的音變都是通過擴散方式進行的，王士元在《語言變化的詞滙透視》（1979）中提到，不同音變可能由於語音的性質、社會環境等的不同而走不同的路。就方式而論，有的是照青年語法學派的方式走的，有的是照著變異的方式走的，有的是照著擴散的方式走的。就語音的變化來說，很可能有些是突變的，有些是漸變的。就音變的原因而論，有些可通過生理因素解釋，有些則通過心理因素解釋。就音變的結果來看，有些是進行到底的變化，有些是中斷的變化。而這「中斷的變化」可以說是字滙擴散理論的精華，爲探索音變的層次和過程提供了新的線索。

徐通鏘認爲，詞滙擴散理論研究音變在詞滙中的擴散，從而把詞看成爲音變的單位，這是可以理解的，但卻是不確切的。從表面來看，擴散的時候以語素（字）爲單位，但實際上演變的單位既不是語素（字），也不是音位，而是字中的一個音類。就漢家語來說，就是音節中的聲、韻、調（徐通鏘1991:255）

研究音變的前後順序與有機聯繫的理論，國外語言學稱此爲「相關年代學」（relative chronology）。相關年代學與傳統歷史比較法的差別是，它不是以具體的音位或形態特徵這些語音實體爲構擬對象，而是旨在建立一種音變的時序。近年來新創立的一種具有獨立的方法論價值的、與古今音對照法不同的方法，即通過方言和親屬語的讀音分布去推斷其歷時演變的先後的方法，美國聖地亞奇加州大學的陳淵泉教授稱之爲「時空投射法」。他在《相關年代學：三種構擬方法》（1976）一文中，系統地論述了從現代語音差異的分布推斷歷史語音變化的先後。時空投影法的基本構想是認爲同一音變因空間讀音的不同，可以反映出該音類演變的時序，試圖從空間去尋找時間，從地域的差別中去尋找音變發展的順序。（馮蒸 1989），陳淵泉在《從中古音到現代北京音》（1976）中運用了時空投影法和詞滙擴散理論等。這些理論方法與橋本「推移」論異曲同工。

無論是「推移」模式，還是變異理論、擴散理論或時空投影法，都注重語音的空間研究，都試圖通過空間來探索時間，從共時差異來闡釋歷史演變。然而，語言的「矢量」並不僅僅表現爲時間的繼續和空間的延伸。操語言者是語言的主體，他們的存在流播在時空中進行，但由此而引起的語言運動並非依據時空差異就能進行全面闡釋，比如混合語的形成。至於語言的波形擴展，如果設想爲單點擴散，即語言中心向周邊「無語言區域」擴展，在某些環境下是可能的；但在另外一些環境下，即周邊爲「有語言區域」，則是不可能的。在東亞大陸，史前就存在著多種語言，語言的擴散往往是雙向甚至多向滲透。因此，在考察語言演變的時空表現時必須密切聯繫語言主體的變遷和文明的傳播，用時間、空間和主體變遷的三維觀來建立語言史的研究模式以闡釋語言的發展變化。

七、華夏漢語混成發生的文化歷史背景

華夏漢語，若以秦漢統一中國爲界，公元前200年之前稱爲華夏語，之後稱爲漢語。在華夏語時期，中原語言以混成發生爲主流；在漢語時期，中原語言以會同周邊語言互動推移發展爲趨勢。

華夏語通行的黃河中游河洛地區，即後來被稱爲中原的這一區域，北與戎狄（阿爾泰），西與氐羌（藏緬）、東南與夷越荊蠻（南亞—南島）毗鄰。華夏語與這些周邊區域的語言存在著千絲萬縷的聯繫，換而言之，中原河洛區域成了原始阿爾泰、原始藏緬、原始南方三大文明與語言的交滙之處。因此，歷史語言學

家們可以依據各自熟悉的語言材料，從不同角度分別探討，華夏漢語與這三種毗鄰語言中的任何一種在發生學上的同源關係或接觸滲透關係。

依據漢語與藏語的同質部分，可以假設漢語和藏語同源。主張此說的西方學者有西門華德等，中國學者有王靜如、俞敏（1980）等。

依據漢語與南島語的同質部分，可以假設漢語和南島語同源。本世紀初期，一些外國學者如孔好古、吳克德，通過詞滙比較證明在澳斯特利語和漢藏語之間有發生學關係。吳克德還指出，比起漢泰語和藏緬語的關係，南島語和漢泰語之間的關係更密切些。除此之外，還有許多藝術史家、人類學家和考古學家，對南島文化和中國北部和中部的早期文化的一致性而提出了許多論證。凌純聲（1951）認爲印尼人來源於中國東部的洞庭、鄱陽兩湖之間；後來，他又確定中國東部的東夷就是今天密克羅尼西亞人和玻利尼西亞人的祖先。張光直（1959）認爲黃河流域前石器文化中有一個「尚未顯出差別的漢藏南島綜合體」，從新石器時代起，由於中國南部移民的活動而分化出「漢藏群」和「南島群」。七十年代以來，從考古發現與語詞對照方面論證馬來—玻利尼西亞人與古夷越人有淵源關係的論著更多：白保羅《澳泰：語言和文化》（1975）、貝爾武德（P.A.Belwood）《印度—馬來西亞群島的史前》（1985）、林惠祥《南洋馬來族與華南古民族的關係》（1980）、張光直《中國東南海岸考古與南島語族的起源》（1987）、楊江《馬來—玻利尼西亞與中國南方文化傳統的關係》（1991）、倪大白《南島語與百越諸語的關係》（1994）、吳安其《論朝鮮語中的南島語基本成分》（1994）、鄧曉華《從語言推論壯侗語族與南島語系的史前文化關係》（

1992）和《南方漢語中的古南島語成分》（1994）。馬提索夫（1982）也認爲，在漢文化於長江以南占支配地位之前，居住在中國南方的人們說澳泰語；在早期，泰語對漢語必定也有巨大的影響。羅杰瑞和梅祖麟在《古代華南的南亞語：一些詞語證據》（1976）中借助漢語中的某些借詞來證明中國古代的南方居住著非漢居民，其語言對漢語有過影響，並且以爲閩語有南亞語的基層。

在漢一南語言同源論中，最引人注目的是法國學者沙加爾的《漢語南島語同源論》（1990）以及邢公畹對此文所做的評述補正《關於漢語南島語的發生學關係問題》等文（1991）。沙加爾從語素結構、音節結構、元音、聲調、聲母對應、韻尾輔音對應諸方面深入研究。邢公畹認爲：「總而言之，從沙加爾先生所舉的而我們又能同意的例證看，已經可以說明漢語和南島語的發生學關係了。」同時提出假設：「在人類語言史上有兩支規模最大的語系：一支從南向北延伸，叫做印度歐羅巴語系；一支從北向南延伸，叫做漢藏泰澳語系」，鄭張尙芳稱之爲「華澳語系」。依據文化遺存、語言類型與同源詞，我認爲，可以假設現在的南島一南亞語系諸語言以及朝鮮語、日本語可能都源於同一古老的語言：原始東亞南方語。所謂「漢語南島語同源論」，即華夏漢語中的夷越語成分與南島語言同源。

依據漢語和阿爾泰語的同質關聯，有人認爲漢語與阿爾泰語有發生學關係。歷史學家岑仲勉（1961）曾斷言「楚語與突厥語有共通之源」。趙相如（1984）在《維吾爾語中的古代漢語借詞——從語言上看歷史上維漢人民的密切關係》等一系列論文中探討了漢語和維語的同源關係。竟成《古代漢語元音和諧現象》（1986）和《漢語史研究的新思路》（1992）從元音和諧、形容詞重疊、輔音韻尾、前綴a、人稱代詞複數、對應詞諸方面試加探討漢藏語和阿爾泰語之間的同源關係，推測這種關係可能反映了語系分化以前這一地域的語言狀況。並由此認爲，有必要提出非譜系性或「前語系」的歷史比較語言學概念。中國古史傳說中的一些材料反映了原始阿爾泰人與原始華夏族的形成密切相關。郭沫若主編的《中國史稿》認爲，黃帝是北方游牧氏族部落的祖先。《詩經・商頌・長發》「禹敷下土方」之「土方」，在今河套一帶，夏后氏當是從此沿黃河南下而進入中原。未南下之戎人居留在河套大漠之間，蓋秦漢之「匈奴」爲其後裔，故《史記・匈奴列傳》：「匈奴，其先祖夏后氏之苗裔也。」由此推定，黃帝爲北方阿爾泰即狄族之始祖。

70年代以來的中國考古研究成果表明，中華大地上在新石器時代存在著三大考古文化系統，即青蓮崗文化系統、仰韶文化系統與北方細石器文化系統。（石興邦 1986）這三種文化創造者的體質特徵都爲蒙古利亞人種。但青蓮崗文化的創造者爲南亞類型；仰韶文化的創造者爲東亞、南亞類型，青銅時代呈東亞類型；北方細石器文化的創造者爲北亞、東亞類型，晚期趨於混合。（格勒1988）約於公元前5000年前後形成的這三大考古文化系統，基本上奠定了中國歷史文化發展的結構和形式。大約於公元前4000年左右，青蓮崗文化與仰韶文化融合成廟底溝文化，但以青蓮崗文化占優勢。廟底溝文化是遠古中原出現的第一個文化共同體，表明了考古文化接觸中的最早的東西交流。（石興邦 1986）這三種文化創造者的語言蓋分別爲：太古夷越語（原始南島－南亞語或原始東亞南部語）、太古氐羌語（原始藏緬語或原始東亞西部語）、太古狄語（原始阿爾泰語或原始東亞北部語）。與人種體質特徵類型的混合與考古文化共同體的形成相平行，語言的混成也不可避免。

在本世紀二、三十年代，以顧頡剛爲首的疑古派濫用「默證法」把古史傳說皆斥之僞古史。然而，中土最早文字爲甲骨文，且並非用於編年史。上古史先是口耳相傳，而後書諸史籍，儘管口傳與筆書可能有訛變附會，但絕不應視爲子虛烏有而全盤否定。將古史傳說與考古文化系統互相溝通才是研治上古史，特別是無文字上古史的正確途徑。與三大考古文化系統相互證發的是古史傳說中的三大氏族系統。興於江淮而發展至黃河下游的伏羲氏太皓，爲夷越（苗蠻）之始祖；興於渭水而發展至黃河中游的神農氏炎帝，爲氐羌之始祖；興於北方草原而後南下中原的軒轅氏黃帝，爲胡狄之始祖。三大氏族系統代表遠古不同的區域文明，《周易·繫辭》以庖犧氏、神農氏、黃帝蟬聯相續，將先後出現的區域文明作歷時排列，亦從一個側面反映了區域文明的交替盛衰。考古發現亦證明新石器時代中晚期，東南文明高於西北文明。

《史記》記載華夏史從黃帝開始，表明司馬遷認爲黃帝之前尙未形成華夏族。原始部族戰爭促成了華夏族的形成。炎帝系共工與伏羲系蚩尤戰，折射出東南文明與西北文明的交流。共工敗，炎帝「乃說於黃帝」，北上求援，炎黃聯盟是氐羌文明與胡狄文明的交融。黃帝擒殺蚩尤於冀州之野，是北方游牧民族打敗東南水耕民族。炎帝欲爭奪盟主地位，黃帝與之戰於阪泉，「三戰，然後得其志」，是北方游牧民族戰勝西北旱耕民族。勝利了黃帝乘勢進居江漢，「五十二戰而天下咸服」。黃帝的勝利奠定了華夏族的基礎，爲三種文明的融合創造了機遇，因此被後世奉爲「人文初祖」。經顓瑞（夷越系）、帝嚳（夷越系）、堯（胡狄系）、舜（夷越系）、禹（胡狄系），在中原地區逐步形成了融合了夷越、氐羌和胡狄文明的華夏文化原始共同體。與之同時，太古夷越語、氐羌語和胡狄語也逐步混合而成原始華夏語。而未能捲進融合漩渦的周邊初民，或留居四裔，或遷徙流播，西北的遠至青藏高原，朔方的遠至大漠以北，東南的經印尼直至南太平洋諸島。

夏人未傳文獻，因此語言特徵不可考究，但中原居民稱「夏」始於此。若據「戎禹」之稱可推測夏語蓋以原始阿爾泰語爲表層。殷商（夷越系）語言中，人名多祖乙、祖甲、王亥、武乙、帝辛，地名多丘商、丘雷，疾病名多疾首、疾耳、疾口、疾目，此順行結構NA爲南方語言之特色。殷商語蓋以原始南島語爲表層。周人來自西北，其祖母爲姜原（姜、羌人同種），其姓承黃帝之姬，蓋胡狄與氐羌之混血，但以氐羌爲主。在周人統治地900年中，使華夏語「氐羌化」，形成了「氐羌」色彩濃烈的王畿「雅言」。周人自稱「有夏」，溯祖於夏禹，所謂「雅言」即「夏言」。姬周的封建統治，使華夏族日益擴大，在黃河流域形成了諸夏文化共同體。四裔則稱爲北狄、西戎、東夷、南蠻，於是有「裔不謀夏，夷不亂華」之別。在部族融合中得以形成並發展的華夏語，不可能是純一的，只是華夏語的異質性與混成性被表詞文字掩蓋了。

對於三代華夏語的異質混成性，國外學者亦有所探索。美國學者白保羅（1944）曾說：「我們或許可以推測，漢藏語的成份只構成漢語的表層，而底層另有不同來源。從歷史的角度來說，可以認爲周朝人可能操某種漢藏語言，後來這種語言融合或滲入到商朝人所操的非漢藏語言之中。」謝飛（1955）認爲：漢藏語系可能是兩種更原始的語系——太平洋語系和南亞語系的某種混合物。加拿大學者蒲立本主張夏是古漢語族，商與南亞語系關係特別密切，而周之先世是藏緬語族。他們的這些推測大致是依據語言的比較與分類研究，未見詳細論證。

由此可見，不管是漢—藏同源說、漢—南同源說，還是漢—阿同源說，都是從不同角度，依據各自選定的材料——語言材料、人種類型學材料及文化史材料等——分別論證了漢語與其他語言的同源發生關係。

在語言譜系樹模式占統治的時代，不恰當地強調語言的分化，而將語言的混合擱置一邊。甚而至於，混合語被斥之爲「語言的污染」。其實，混合語既是語言混成的結果，又是文明交融的過程。

在華夏語的混成發生過程中，不同語言的滲透、換用、整合相當錯綜複雜，引起了語音結構乃至語言類型的劇烈變化。根據南島語和阿爾泰語及朝鮮語、日本語都是黏著型語言可推斷，原始華夏語可能是黏著型語言。根據原始南島語和漢語的「字」相對應的經常是語詞的雙音節的末一音節可以推斷，原始華夏語可能是雙音節結構語詞。語詞的音韻結構，由於前一音節元音的弱化脫落演變爲帶有復輔音的單音節結構；隨著輔音音綴的相繼失落，最終形成了單輔音音節結構。如「白／略」*burak→*brak→ *bak/*lak→。語言學上有一條規律，語言成分越混雜，形態丟失越厲害。現代世界上的洋涇濱語或克里奧耳語，它們的形態都大大少於源頭語言，或者根本沒有形態。藏緬語、阿爾泰語和南島語、南亞語都有形態，有的形態變化還較爲複雜，但秦漢漢語就已經以無形態的孤立語的面貌出現，合理的解釋只能是原始華夏語是在中原地區經歷數千年融合衆言而形成的一種混合語，而文明中心往往是在多種文明的衝突交流中融合而成。

甲骨文卜辭爲中國現存最古老的文獻，但言辭頗簡，語言特徵研究不夠。《周易》、《尙書》、《詩經》爲周代所撰。因爲周人爲氐羌與胡狄之混血，所以周代文獻中的語言，既與藏語有同源之處，且雙音節詞語中含有與阿爾泰語元音和諧的相似特徵。（竟成 1986）又因爲周人因襲了夷越系的殷商文化和語言文字，而江淮之間、長江以南的東夷、百越、南蠻並未能在短期同化，所以在古代漢語（《集韻》收有大量不見於文獻但歷代相傳的古代口語漢字）中仍然可以發現大量的與原始南島語相對應的詞項。在古漢語中，「筆／聿」，據許愼《說文解字》（書成於公元121年）所記：楚謂之聿，吳謂之不律，燕謂之弗，秦謂之筆。東晉郭璞（276—324年）注《爾雅》曰：蜀人呼筆爲不律也。藏語「寫」bri-ba、「毛筆」pir。南島語「纖維；軟毛」*bulut。印尼語「塗抹」barut。由引可見，秦漢時期，秦語與藏語相對應；楚語與燕語已完成單音節化；而吳語、蜀語依然是雙音節，與南島語言相對應。

縱觀中華上古史，一方面是疆域日益擴展，商王武丁時僅「邦畿千里」，至秦朝已東至大海、西到隴西、北至長城、南到嶺外；另一方面是邦國日益減少，西周初年封國史稱「一千八百諸侯」，春秋100多個諸侯國兼併爲戰國七雄，而統一於秦。與之同時，諸夏語言日趨同一，向「雅言」靠攏，而《爾雅》即其楷模。漢代立國四百餘年，北方語言遂統一爲漢語。

秦漢以來，以三次大動亂（永嘉之亂、安史之亂、靖康之難）爲高峰，北方游牧民族像潮汐有時，呈周期性向中原農耕文化區域氾濫。（陳正祥1983）阿爾泰諸族一次次逐鹿中原，大有步黃帝遺踵在雄風之勢，屢屢建立王朝，統治中原乃至南北。從始皇結束姬周封建聯邦制統一中國，到清帝皇冠落地的2132年間，北方游牧民族統治中原或全國長達840年之久，這還不包括具有鮮卑血統的隋唐王朝統治中國的326年。在北方民族入主中原之時，中原士族居民大量南遷，近徙江淮，遠播閩廣。中原漢語在人口遷徙與民族融合中「北雜夷虜，南浸吳越」，於是出現了北留中原漢語的「阿爾泰化」和南遷中原漢語的「南方化」，與之相應的是阿爾泰語的漢化與南方語言的漢化。由於以漢語和漢文化爲主導的互動輻射的歷時層次與同（異）化程度的不同，因而形成了橋本萬太郎所發現的那種東亞大陸語言結構連續體狀態。毫無疑問，推移模式反映了秦漢以後漢語與周邊語言相互影響（就漢語來說，在同化南北語言的同時也異化了自己；就非漢語言來說，在接受漢語同化的同時也異化了漢語）演變發展的基本態勢。然而，只有在強大的文明中心形成以後，才有以漢語爲主導的推移性延伸。在這一文明中心形成過程中，秦漢以前的華夏語以混成趨勢爲主。顯而易見，如果研究漢語史，不進行尋根推源式的探討，中原漢語則成了無根之木、無源之水，成了秦漢以後周邊南北少數民族語言的擠壓混合物。由於不明瞭華夏語形成的文化背景，以致出現了用南方語言文化向北方傳播的方式來建立東亞大陸語言形成的學說（如白保羅1976）；或者把華夏語中的一些源於語言基層的固有詞語，誤以爲是南方語言對漢語的反影響（如白保羅1972；羅杰瑞、梅祖麟1976）。

依據歷史語言學關於漢語和相關語言研究的成果，與新石器時期考古文化系統、人種體質類型及古史傳說中的部族系統、原始戰爭等相互驗證，我（1994）提出「華夏漢語混成發生論」。由此，對橋本萬太郎的「推移」模式加以修正，試圖建立以農耕文明與游牧文明持久衝突交融爲背景的「混成發生・推移發展」的漢語語言史研究理論模式。

八、農牧文明衝突和東亞語言交融

人類歷史發展的進程表明，由數種文明衝突而後整合的文明往往是強大的文明。世界上最早的有文字記載的兩河流域文明，是由蘇美爾人創造的，而蘇美爾人的楔形文字是由在他們尙未遷來之前就存在於西亞的古老粘土標誌記錄系統演變而來的。（斯邁特・比塞特1978）阿卡德人征服了蘇美爾人，巴比倫人又征服了阿卡德人，在此基礎上，創造了燦爛的巴比倫文明。前四千年代上半期，一支閃米特人渡過紅海，與東北非的含米特人混合成古代埃及人，創造出輝煌的尼羅河文明。前十五世紀，希臘阿卡亞人毀滅了克里特島的米諾斯文明而創造了邁錫尼文明；前十二世紀，希臘多利亞人又毀滅了後者而創造了新的荷馬文明。雅利安人從前二千年代向東南方向遷徙，前十四世紀進入印度河流域，在哈拉帕文明的基礎上創立了古印度文明。而那些相對封閉孤立的文明，其發展進程則遲緩蹣跚。東亞大陸，以黃河爲中心的古代文明之所以超越了原先可能更爲強大的長江古代文明，就是因爲三大考古文化系統的交會之處位於河洛地區，導致了中華最早的混合型文化共同體——廟底溝文化——在中原形成，而古老的原始氏族戰爭也發生在北方。夏商周三代文明互相承傳和謀合，進一步壯大鞏固了黃河文明的中心地位。

在考察華夏漢語的起源和演變時，必須將其置於農耕文明與游牧文明之間對立和衝突的歷史背景之上。這兩種文明的對立和衝突，不僅存在於東亞大陸，而是遍及整個歐亞大陸，抑或就是整個古代世界的主旋律。較高文明的標誌是定居的農業、文字的發明與城市或國家的出現，在公元前二千年代到一千年代，兩河流域、尼羅河流域、印度河流域和愛琴海這「四大文明」很快聯結起來，形成了最初的農耕文明地帶。到公元前後，歐亞大陸的南半部形成一個廣袤綿延的農耕世界，它包括東亞的黃河—長江流域、南亞的印度河—恒河流域以及歐洲的部分地區。農耕世界的南部邊緣是撒哈拉沙漠、阿拉伯沙漠和印度洋、太平洋，北部邊緣是連綿於歐亞大陸中部的諸山脈（興安嶺—陰山—祁連山—阿爾泰山—天山—昆崑山—興都庫什山—札格羅斯山—高加索山—托羅斯山—喀爾巴阡山）。在山脈的那邊是乾旱的草原和沙漠。前三千年代末到二千年代初，生活在那裡的部落從狩獵經濟向游牧經濟過渡。大約一千年代左右，在歐亞大陸的北部形成了一個游牧世界，與山脈南部的農耕世界遙相對立。歐亞大陸南耕北牧的格局由此出現。農耕居民的定居、富裕、保守，游牧民族的流動、貧窮、開拓，使兩種文明之間頻頻衝突。游牧民族迫於內部的經濟壓力，不斷向農耕世界疏散人口。當某個游牧民族在某一強大頭領的領導下統一起來時，一場民族征服戰爭便降臨了。在破壞、掠奪之後，他們卻爲被征服者的文明所同化，而且大部分不得不採用了被征服者的語言。當農耕世界恢復寧靜，民族融合日趨完成時，戰爭的烏雲在山脈的那一邊又重新開始積聚，一場新的民族征戰的風暴即將來臨。征服、遷徙、融合；再征服、再遷徙、再融合……這就是兩種文明衝突的主旋律。（商友仁，1988）

東亞北部大漠南北是古代游牧民族的三大發源地之一。公元前三千年代，東亞大陸的農耕文明與游牧文明的對立早已形成。前三千年代的涿鹿之戰、阪泉之戰就是早期的農牧征戰。商代武丁、周代康王征戰鬼方，周穆王征犬戎,周宣王攻伐獫狁，都是對北方游牧民族南下的抵禦。公元前771年，犬戎追殺幽王於驪山之下，迫使周室東遷。春秋時期，北方戎狄屢屢進攻燕、晉、鄭、衛、齊等國。戰國時代，爲抵禦北方民族南下，開始修築長城。秦始皇統一中國以後的重大舉措就是修理萬里長城。然而，萬里長城終究擋不住游牧民族南下牧馬的鐵蹄。秦漢以後，北方民族多次侵擾或進據中原。最初是匈奴，戰敗後西遷歐洲；繼而是鮮卑，統治中原達一個半世紀之久，逐步漢化；繼而是柔然興起，南攻北魏，西征高昌，後遷匈牙利；繼而是突厥，威服塞北，東突厥被唐軍所滅，西突厥遷徙中亞；唐代後期，契丹崛起，建立遼國，與五代、北宋對峙；隨後女眞勃興，建立金國，滅遼與北宋，統治中原；蒙古繼起，滅金與南宋，建立了以大元爲宗主國的橫跨歐亞的龐大帝國；繼而女眞東山再起，改稱滿人，攻入關內，建立大清帝國。縱觀歷史，阿爾泰諸民族興起以後，總是揮師南下，飲馬黃河，與中原漢族征戰。不管其勝敗如何，結果常常是一部分內遷與漢族融合，一部分西遷或退居大漠。

然而，北方游牧文明與中原農耕文明衝突的結果，除了部分游牧居民的實現了農耕轉型或漢化，也促使中原漢人大量南遷，促進了長江以南文明的中原化或漢化。其連鎖效應是南中國土著居民向南洋甚至南島的長途遷移。江淮地區古老的夷越文明的遷徙，可以追溯到史前。有人認爲，周商牧野之戰以後，東方的十萬商軍、十五萬人民，不願投降西周，可能浮海東遷。有人認爲，更早的是向東南方向的遷移。楊江（1991）甚至爲這一遷移列出了一份時間表：距今6000年前，到達中國東南部及臺灣：距今5500年，到達婆羅洲、帝汶島；距今4500年，到達印尼所羅門群島新幾內亞；距今4000年，到達西密克羅尼西亞群島；距今3500年，到達斐濟；距今3000年，到達薩摩亞群島；距今1700年，到達馬貴斯群島；距今1600年，到達伊斯特島；距今1400年，到達夏威夷；距今1100年，到達新西蘭。因而，儘管古代華夏語已經「氐羌化」，但太古夷越語或者殷商語的基層包含其中以及南方語言對中原漢語的滲透仍然存在，由此在原始南島語和古代漢語之間能夠發現大量對應詞項。未曾遠徙南洋群島的原始華南居民，一些在漢文化與漢語言的影響下逐步同化，一些則成爲南方周邊民族。

總而言之，可以假定，約在兩三萬年前，東亞大陸出現了成熟的分節語言。到公元前5000年左右，伴隨著三大考古文化體系的出現，形成了三大原始語系。其中兩種是農耕民型，一種是游牧民型。根據原始南島——南亞語，現代藏緬語、阿爾泰語及日本語、朝鮮語的類型推斷，這三大原始語言都是粘著類型。在氏族部落文明接觸交流中，不管是和平方式還是戰爭方式，約於公元前第三千紀，在三大考古文化的交滙之處——河洛地區，形成了一種與強大文明相伴隨的混合型語言：原始華夏語。又經過2000年，這種文明日益強大、語言日益成熟，成爲東亞文明的中心。以游牧文明與農耕文明的衝突爲背景，伴隨著中原文明輻射，華夏漢語像一個巨大的漩渦，逐步地同化著所接觸到的周邊南北語言，並在這一歷史過程中也改變著自己。依據這一宏觀鳥瞰，秦漢以前中原地區的語言發展主流是交織著滲透、換用、融合的混成，與華夏民族的融合形成、華夏文明的崛起相一致；秦漢以後漢語發展的主流是推移演變，表現爲北留中原漢語的阿爾泰化和南遷中原漢語的南方化或阿爾泰語的漢化和南方語的漢化，與漢民族和漢文明的進一步壯大延伸相一致。漢語史研究的「混成發生・推移發展」理論模式，是語言史和文化史研究互相貫通的結果。

由此可見，中華民族文明史就是一部農耕文明與游牧文明持久衝突並日趨融合的歷史；漢民族和漢文明就是在不斷同化及異化的持續發展之中的民族和文明。與之相應，華夏漢語語言史就是一部多種民族語言相互混成、推移交融的歷史，一部同化且異化交錯的語言演變史。漢語史研究理論模式包含著一定的語史觀。

語史觀所涵括的對象不限於語音史，也包括以語音史爲基礎的詞滙史、語法史。語史觀其深層是文化史觀。反之，文化史觀的轉變，會引起語史觀及其研究模式的改變。研究方法——理論模式——語言史觀——文化史觀，四者層層深入，相互聯繫。因此，「混成發生・推移發展」模式的價值不僅在於中國語言史的研究流域，而且對於中國文化史的重新闡釋也具有轉型模式的重要意義。

九、結　論

㈠高本漢的直線型模式、普林斯頓假說的逆推型模式，游離於中國文明史之外。張琨的差異型模式注意到南北方言的差別及標準語的變遷。橋本萬太郎利用文化圈理論建立了與西方譜系樹不同的「推移」模式，揭示了秦漢以後漢語與周邊語言的演變態勢。但是，這些模式的共同點是「黃河文明一元單動說」。

㈡新的理論模式必須是時間、空間、主體的三維綜合透視，特別重視語言主體變化在語言發展中的作用。

㈢東亞大陸的成熟的分節語約出現於距今三萬年前。公元前5000年左右，隨著三大考古文化系統的形成，東亞大陸出現三大原始語系。如果以考古文化系統命名，可分別稱爲青蓮崗語系、仰韶語系與北方語系，分別爲原始夷越語、原始氐羌語和原始胡狄語的始祖。它們可能都是黏著型語言。

㈣公元前第三千紀，三大原始語言中的部分伴隨著部族與文明的接觸融合而孕育出原始華夏語。又經過2000多年，原始華夏語發展爲漢語。

㈤華夏漢語的書面語從商代開始出現，夷越系的商語成爲上古書面語的基層。周人使中原語言「氐羌化」，上古典籍就是這種氏羌化語言的書面語。由於持久的滲透、換用和融合，華夏漢語從原始的黏著型轉變爲孤立型（或許還經歷過不完全屈折型）。語詞的音節結構從雙音節蛻變爲單音節，又從複雜的CCVCC音節結構逐步變爲簡單的CVC與CV結構。作爲系統補償，漢語從無聲調語言演變爲有聲調語言。

㈥農耕文明與游牧文明是古代世界衝突的主旋律。北方游牧民族的歷次南進中原，觸使中原士族居民歷次南遷，從而導致了北留中原漢語的阿爾泰化和南遷中原漢語的南方化或阿爾泰語的漢化與南方語的漢化。語言同化，也促成了語言異化。

㈦語言演變的根本動因不在於語言系統自身，而在於語言主體的嬗變，在於文明的整合與民族的融合。一些語言較慢地變化，正是由於文化傳播閉塞而導致的人種的單純和文明的單一。換而言之，移民與文化傳播是語言演變的眞正動力。

㈧「混成發生・推移發展」的漢語史研究理論模式，其價值就在於貫通了語言史與文化史及相關學科的研究，這一理論模式有助於極大地開拓語言學史家的宏觀視野。

初稿於一九九四年四月

再稿於一九九四年九月十九日至十月十九日

於南國小樓

主要參考文獻

李葆嘉

1986 《清代學者上古聲紐研究概論》，碩士論文。

1992a《漢語音韻研究的歷史考察與反思》，《南京師大學報》第2期。

1992b《論漢語音韻研究的傳統方法與文化學方法》，《江蘇社會科學》第4期。

1994 《華夏漢語三元混成發生論》，《建設中國文化語言學》，北方論叢叢書。

嚴學宭

1985a《嚴學宭先生談漢語史研究》（白丁整理），《語言學通訊》第3期。

1985b《新的技術革命浪潮與漢語音韻學的探索》，《音韻學研究通訊》第7期。

〔瑞典〕高本漢 Klas Bernhand Johannes Karlgren

1915—1926《中國音韻學研究》Etudes sur la Phonologie Chinoise（趙元任等譯）商務印書館1948版。

徐通鏘

1984 《美國語言學家（馬爾基耶爾Yakov Malkiel，馬提索夫James A.Matisoff，張琨Kun Chang，王士元William S-Y Wang）談歷史語言學》，《語言學論叢》第13輯。

1991 《歷史語言學》，商務印書館。

〔美國〕張琨

1972—1979《漢語音韻史論文集》（張賢豹譯），華中工學院出版社1987版。

張賢豹

1984《張琨教授古音學簡介》，《漢語音韻史論文集》。

喻世長

1982《漢語音韻學的回顧和前瞻》（署名：崇岡），《語言研究》第2期。

王　力

1985《漢語語音史》，中國社會科學院出版社。

〔丹麥〕易家樂Soren Egerod

1979《高本漢的生平和成就》（林書武摘譯），《國外語言學》1982年第1期。

馮　蒸

1989《漢語音韻研究方法論》，《語言教學與研究》第3期。

1991《1965—1979年國外漢語音韻學研究述評》（署名殷方），《漢字漢語學術研討會論文集（下）》，吉林教育出版社。

周法高

1955《怎樣研究中國語音史》，香港《中國語文研究》，中國文化出版社事業委員會。

游汝杰

1992《漢語方言學導論》，上海教育出版社。

周振鶴　游汝杰

1986《方言與中國文化》，上海人民出版社。

陳忠敏

1987《某些音位變體在語言底層研究和史前史、民族史、人類學研究裡所起的作用》，《上海青年語言學》第4期。

張書鋒

1989 《從人類學、考古學、民族學看漢藏語系的形成》，《廣西師範大學學報》第4期。

余志鴻

1987 《漢語的文化歷史背景》，《現代語言學》第10期。

1990 《漢語的混沌型和結核型》，《現代語言學——全方位的探索》，延邊大學出版社。

〔日本〕**橋本萬太郎**

1978 《語言地理類型學》（余志鴻譯），北京大學出版社1985版。

趙　誠

1991 《說文諧聲探索》，《古代文字音韻論文集》，中華書局。

〔日本〕**六角恒廣**

1992 《日本中國語教育史研究》（王順洪譯），北京語言學院出版社。

〔美國〕**白保羅 P.K.Benedict.**

1944 《臺語、加岱語和印度尼西亞語——東南亞的一個新聯盟》 Thai,Kadai,and Indonesian: A New Alignment in Southeastern Asia（羅美珍譯），《漢藏語系語言學論文選譯》，中國社會科學院民族研究所語言室編印，1980版。

1972 《漢藏語言學概論》Sino-Tibetan: A Conspectus（樂賽月、羅美珍譯），中國社會科學院民族研究所語言室印，1984版。

1976 《早期漢語借詞，發生學關係，擴散和東南亞語言的類型相似性》 Early Chinese Borrowings, Genetic Relationship, Diffusion. and Typogical Similarities of East and Southeast Asian Languages，轉引自《語言地理類型學》（中譯本）186頁。

朱德熙

1985 《語言地理類型學序》。

潘悟雲

1986 《漢語音韻學展望》，《上海青年語言學》創刊號。

俞　敏

1980 《漢藏兩族人和話同源探索》，《北京師範大學學報》第1期。

邢公畹

1991 《關於漢語南島語的發生學關係問題——L.沙加爾「漢語南島語同源論」述評補正》等文，《民族語文》第3,4,5期。

[法國]沙加爾 Laurent Sagart

1990 《漢語南島語同源論》Chinese and Austronesian are Genetically Related.

凌純聲

1951 《中國與東南亞之崖葬文化》，臺灣《中央研究院歷史語言研究所集刊》23:6。

張光直

1959 《華南史前民族文化史提綱》，臺灣《中央研究院民族學研究所集刊》7。

1987 《中國東南海岸考古與南島語族的起源》，《南方民族考古》第1輯，四川大學出版社。

〔美國〕楊江

《馬來—玻利尼西亞與中國南方文化傳統的關係》（呂凡譯），《浙江學刊》第1期。

[美國]羅杰瑞 Jerry Norman 梅祖麟Tsu-Lin Mei.

1976 《古代華南的南亞語：一些詞語證據》The Austro-Asiatics in Ancient South China: Some Lexical Evidence.

岑仲勉

1961 《「楚辭」注要翻案的有幾十條——「楚辭」中的突厥語》，《中山大學學報》第2期。

趙相如

1984 《維吾爾語中的古代漢語借詞——從語言上看歷史上維漢人民的密切關係》，《語言與翻譯》第2期。

竟　成

1986 《古代漢語元音和諧現象》，《探索與爭鳴增刊・上海青年語言學論文選》。

1992 《漢語史研究的新思路》，《現代語言學》第21期。

郭沫若

1979 《中國史稿》㈠，人民出版社。

石興邦

1986 《中國新石器時代考古文化系統和民族系統》，《亞洲文明論叢》，四川人民出版社。

格　勒

1988《中華大地上的三大考古文化系統和民族系統》，《新華文摘》第3期。

〔美國〕謝飛 Robert Shafer

1955 《漢藏語系語言的分類》（高爾鏘譯），《漢藏語言學論文選譯》，中國社會科學院民族研究所語言室編印，1980版。

陳正祥

1983 《中國文化地理・逼使文化中心南遷的三次波瀾》，三聯書店。

〔美國〕斯邁特・比塞特 Denise Schmanbt Besserat

1978 《文字的始祖》（游汝杰譯），《語言與人類交際》（王士元主編），廣西教育出版社。

商友仁

1988 《古代歐亞大陸民族遷徙和民族融合鳥瞰》，《北方論叢》第4期。

（原文分章刊於《江蘇教育學院學報》1995年第3期、《青島大學師院學報》1995年第1期、《徐州師範學院學報》1995年第3期、《雲夢學刊》1995年第4期、《江蘇教育學院》1997年第1期）

試論語言的發生學研究

提要

與語言的起源討論和語言的發展研究有所不同，語言的發生學研究探討語言種系的發生與語言要素的發生。語言種系的發生學研究討論語種的歷時分化發生、共時聚合發生及混合發生。語言要素的發生學研究討論語音的發生、語詞的發生和詞類範疇、語法範疇及句法結構的發生。國內目前尚未見到有關語言發生學研究的系統綜述，本文旨在爲語言的發生學研究構設一個框架。

一

語言的發生有三種含義；第一種是人類語言的發生；第二種是個體語言的發生：第三種是種系語言的發生，即某一種系語言的形成及內部要素的更替。語言的發生學研究討論種系語言的發生。

語言的發生學研究不同於語言起源的研究。語言起源的研究對象是抽象語言，是從宏觀上探討與人類語言賴以產生相關的人的符號化能力、發音能力與社會條件的成熟。語言的發生學研究對象是具體語言，是從中觀上探討具體語言的發生，或是從微觀上以個別語言爲對象，揭示其內部要素的發生。語言的發生學研究也不同於兒童的語言習得。兒童的語言習得過程是個體語言的發展。而語言的種系發生，則是系統發生的問題，它研究語種的發生，研究語言內部的語音、語詞、語法諸要素的發生更替。

如果說人類語言的起源研究更多地偏重於思辨性論證，個體語言的習得研究更地多地偏重於觀察性記錄，那麼，語言的發生學研究介於兩者之間，它必須以某種理論模式爲前提，又盡可能地採取實證手段加以探討。

二

19世紀，以印度和歐洲語言研究的成果爲基礎，德國學者施萊歇爾用描寫生物進化的方法來描寫語言的進化，創立了語言發生學研究的譜系樹理論。祖語是後來語種發生的泉源，有多少種語系就有多少種祖語。試圖重建印歐祖語的第一人也是施萊歇爾，他通過比較印歐語言。擬測出原始印歐語的單詞、詞形變化以及語音系統，並且認爲這就是史前時期實際存在過的原始印歐語。法國學者梅耶批評：「任何構擬都不能得出曾經說過的『共同語』。……比較方法只能得出一種相近的系統，可以作爲建立一個語系的歷史的基礎，而不能得出一種眞正的語言和它包含的一切表達方式」。祖語只是以現存的或載於文獻的有親緣關係的一些語種，相互比較後構擬出來的一種抽象語言，因此，進而探討這種構擬祖語的發生似乎不再可能。

子語的發生學研究可以採用歷史比較法與語言年代學來進行。首先，可以通過一些語言之間的差別之比較，找出相互間的語音對應關係，確定語言間的親屬關係和那些有差異的形式的先後年代順序，以便弄清語言發展的時間層次。根據親疏遠近，可以把親屬語言放進由語系、語族、語支……構成的發生學譜系表中去。利用這樣一個譜系表，就可以表明某一「子語」的發生來源，比如英語來源於西支日爾曼語。其次，可以依據有關歷史文獻相對確定該語言發生的時代。公元449年，盎格魯、撒克遜人入侵英倫三島，使其語言與西支日爾曼語分家。由此可知，入侵者延續了一個半世紀之久的征服過程，促成新語種——英語的產生。

語言年代學的誕生爲語言種系的分化發生研究提供了新的工具。受放射性碳的年代推算的啓發，美國學者斯瓦迪士編製了百詞表，通過基本詞根語素在發展中保留下來的百分比來計算語言的發展年代。美國學者李茲比較了十三種語言的古今差異，發現了平均保留率，由此得出一個普遍性結論：「一切語言在任何時候，基本詞根語素在一千年後平均約有81%的同源根保留下來。」如果已知任何兩種有親屬關係的語言的保留率，就可以推算出它們從原始祖語中分化出來的年代。李茲專門設計了一個公式：t＝logc/21ogr（c代表同源詞根語素的保留百分比，r爲分化一千年後同源詞根語素的保留率常數，t代表分化的時間深度）。如果以斯瓦迪士求出的英語保留率85%計算，英語和德語的分化年代大概在1567年以前，即公元五世紀左右，與史載異族入侵英倫時間相吻合。

美國白保羅以古漢語爲對象，利用斯瓦迪士百詞表比較有關語言，從而推算出上古漢語和藏緬語的基本詞根語素的保留率爲59%。測算出上古漢語和藏緬語大概是在上古期以前的 1250±200年時分家的，即原始漢語大約在公元前20世紀發生。俄國雅洪托夫根據他所統計的材料，推算漢語和藏緬語的分化年代大概在公元25—35世紀。漢語和藏緬語的分化年代沒有任何其他的材料可資旁證，因此難以說清哪一種計算可靠些。語言年代學只具有相對性。

譜系樹理論假設語言處於不斷的分化過程之中，每一次分化就有一個語種（或方言）發生。但是，實際的語言發生現象比這種模式要複雜得多。施萊歇爾的學生施密特於1872年創立了波浪型學說，認爲原始印歐語還是一個整體的時候就存在著方言分歧；各方言的特點猶如石子投入池塘後形成的波浪那樣擴散開去，從而形成新的語種。譜系樹模式與波浪型模式是互補的，前者以縱的方式呈現語言的歷時發生關係，後者以橫的方式說明語言的共時發生關係。漢語和藏緬語經過比較研究，兩者有共同的基本詞根及其共同的語音規律，但語言結構相距太遠。白保羅用底層說來解釋漢語和藏緬語族之間的差異：「我們或許可以推測，漢藏語的成分只構成漢語的表層，而底層另有不同來源。從歷史的角度來說，可以認爲周朝人可能操某種漢藏語言，後來這種語言融合或滲入商朝人所操的非漢藏語言之中。」考古文化系統表明，原始華夏語是一種聚合型語言。根據白保羅的觀點，漢語與藏緬語只有表層發生關係，而法國學者沙加爾的研究表明，漢語和南島語是從一個共同的祖語——原始漢澳語衍生下來的，漢語和南島語之間有同源發生關係。

根據考古學研究，新石器時期中華大地上有三大考古系統：青蓮崗水耕文化系統、仰韶旱耕文化系統與北方細石器游牧文化系統，其體質特徵分別爲蒙古人種南亞型、東亞南亞混合型與北亞東亞混合型。傳說中的三大民族系統（約公元前3200—2600年）與考古文化系統相互印證。原始部落戰爭促成了原始華夏族的形成，與華夏族是個混血型民族一致，原始華夏語是源於太古藏緬語、澳台語（漢澳語）與阿爾泰語的聚合型語言。極有可能的是前者爲主導，後二者作爲語言基層滲入其中。橋本萬太郎把語言的早期發生分爲分化型和聚合型。與「牧畜民型」的印歐大陸語言呈分化發生總趨勢不同，「農耕民型」的東亞大陸語言呈推移發生總態勢。推移模式認爲語言的聚合發生是以某個文明發源地爲中心，非常緩慢地同化周邊語言展開的，語言的歷時發生與地域的共時推移相交織呈現爲一個完整的結構連續體。

在幾種語言頻繁接觸的地區，如果不是一種語言作爲主導者替代其他語言，就會出現一種包含不同語言成分的混合自然語言，即發生了新的語種。起初出現的是皮欽語。曾經流行於地中海沿岸港口的「薩比爾話」，就是法國、希臘、意大利、西班牙和阿拉伯多種語言的混雜。皮欽語語法規則大大簡化，一般都沒有形態變化。有的在使用中逐漸完善，直至被社會採用爲主要交際工具，由孩子們作爲母語來學習，成爲克里奧爾語。我國湖南瀘溪瓦鄉話，出現了是漢語方言還是少數民族語言的爭論，其實它是一種混合語。青海同仁縣五屯話，既不像漢語，也不像藏語。在詞彙中，漢語詞占65％，藏語詞占25％，有許多詞是漢、藏語詞混合造成的。在廣西融水苗族自治縣的永樂鄉，有一部分自稱爲 e^{55} 的壯族人，他們操一種由漢、壯、仫佬、毛難、侗五種語言混合而成的「五色話」。這些都是在民族接觸之中形成的混合語。

三

美國解剖學家埃德蒙·克里林根據化石人科的頭骨，建立了尼人的聲道模型。語言學家利伯曼利用計算機程序來測定通過這種聲道模型可能發出的聲音，發現尼人不能清晰地發出一定的聲音，其中包括元音〔a〕、〔i〕、〔u〕。其原因在於，他們發音的喉部直接突入口腔，只能依賴改變口腔的形狀來改變聲音，因此，他們的聲道是由單道共鳴系統所組成，而現代成年人的聲道是雙道共鳴系統。在猿人與尼人之間有著至少 285—325萬年這樣的漫長年代。儘管人類在這漫長年代的後期可能越來越感覺到，原有的交際手段是多麼貧乏，甚至可能迫切地要求說出他們非說不可的許多話來，但是，人類並不是需要交際或想要交際就會有語言，有聲語言的產生還要看人類生理形態的可能條件。

語言學家們對原始語言語音系統的發生做過一些有趣的探索。人們發現了一些所謂單元音語言，這些語言中只有一個元音，如維什拉姆語、亞蘭達語等。語言學家很感興趣的各種卡巴爾達語，只有一個可長可短的〔a〕和一個含混不清的〔æ〕，輔音卻特別豐富。一個或兩個音同七、八十個輔音可以組成一百多個不同的相當於獨立音位的音節。因此，各種卡巴爾達語中雖然元音貧乏，但它們的語音體系仍相當豐富，從中可以窺見原始語音系統的一些特徵。英國語言學家M·斯瓦德什試圖在比較世界各種現代語言的基礎上重建人類原始母語語音系統的面貌，他提出了由一個元音和十一個輔音組成的原始語音系統的假設。

音位的內在發生是指某一語音系統內部音位的分化、音位的合併以及其他原因所導致的新的音位的發生。上古漢語沒有唇齒音，只有重唇音。大約在十世紀前後，重唇音分化出輕唇音，輕唇音發生的條件一般認爲是三等合口韻，即帶有＊－i－介音的央、後元音的唇音字輕唇化的結果。與由分化而引起的音位發生不同，下江官話中的入聲韻尾〔ʔ〕是由合併而引起的新的音位發生。山西祁縣城關方言出現了兩個新韻尾〔m〕和〔β〕。m尾不是中古咸、深攝字的延續，而是來自臻、曾、梗、通四攝的合口字，β尾來自中古的遇攝字。兩個新韻尾都是雙唇音，它們的出現有一個共同點，即原來都是合口字，而且韻母中的主要元音〔U〕、〔u〕舌位都比較高。在祁縣音系合口呼向開口呼轉化的過程中，〔u〕的舌根作用消退，而雙唇作用加強。所以，從發音的生理基礎來說，雙唇韻尾的出現是〔u〕的發音部位前移和發音方法擦化的結果，這表明某一音位的變化而引起了新音位的發生。

除了音質音位的發生，還有非音質音位的發生。藏語的聲調是從無到有。拉薩方言中，首先是因濁聲母的清化而產生高低二調系統，原來的清聲母為高調而濁聲母為低調；輔音韻尾的簡化引起了聲調的再分化，形成四調系統。漢語的聲調也是後起的，據一些學者研究，上古漢語某些韻尾的消失與輔復音聲母的單化可能導致了聲調的發生。世界上聲調最多的語言是侗語。據研究，原始侗台語有4個聲調；聲母清濁對立的消失引起聲調的第一次分化，4個裂變為8個；元音長短的對立促使聲調第二次分化，陰入、陽入各分長短調；第三次分化是不送氣聲母和送氣聲母對立的消失而引起的，一部分陰調分化為兩個聲調，形成了現代侗語15個聲調的格局。

音位的借用發生一般伴隨著借詞的引入而出現。侗語向漢語大量借詞，〔f、ph、th、kh、tɕh〕等漢語音位就進入了侗語音系。泰晤士河北的古代英語〔v〕原來是〔f〕的條件變體，隨著英語從法語中借進voice（聲音）、veal（小牛肉）等許多以〔v〕開頭的詞，於是條件變體〔v〕就作為一個新的獨立音位出現在英語音系中。在另一些情況下，音位的借用發生不是零碎的而是系列的，以致使整個音位系統為之改變。三百年來，滿語在漢語的影響下發生了重大變化，借進了漢語的音位，形成了與漢語北方方言比較接近的新音系。

四

在詞彙系統中，單純結構是合成結構賴以建構的基礎。合成結構的發生可以通過分解語素做出解釋，因此，語詞要素的發生學研究主要是探討單純結構的發生。語源學研究的任務就是探討語詞的發生來源，研究的完形表現爲由語根、根詞、詞群、單詞組成的詞族系統。研究語詞的發生可分四個步驟進行。首先是平面繫聯近源詞。從意義、語音、詞形、字形、親屬語言幾個方面比較一些單詞，確定其近源關係，組成一個個較小的詞群。其次是沿流串聯詞群。按照語音和語義的轉變軌迹，將若干個音轉義通卻又可以劃分爲各個不同意義層次的較小詞群，串聯成一個層次分明的大詞群。再次是構擬溯源推語根。參照方言和親屬語言，綜合古代文獻與考古文化，對原始語根的語音形式加以構擬。最後是以譜系方式組合成詞族。完整的詞族譜系構成以後，處於這個網絡中的所有語詞的發生來源也就相對確定了。詞族譜系的重建是一件艱巨複雜的理想化工程，因此，在通常情況下，更多的是採取近源關係說明語詞的發生。

語詞的發生學研究除了尋求發生來源，還要探究發生方式。語詞的發生方式多種多樣，屬於原生或次生方式的主要有：1.擬聲發生。樹木果實成熟，「骨碌」一聲落地，初民即稱之爲「果裸」*klua，急呼爲「果」*kua。廣西容縣方言： kluo果裸；僜語：glai、klu果實；標敏瑤語：klau桃；錯那門巴語：kle、gle桃，glek果核；土家語： khalau果核，kua瓜。觀察這些親屬語言材料，可以發現原始共同語音形式*kl－。2.類比發生。瓜之圓者叫「葫蘆」，頭尾圓形之小蟲叫「蛞螻」，頭骨圓形叫「骷髏」，圓形車輪叫「轂輪」，皆源自*kl－。3.分化發生。隨著人們思維日趨精密，語言日漸清晰，從「果裸」這一果實總名中逐漸分化出各種具體的果名，如桃、橘、枸櫞、柚、柑等。杏、梨、李、棠，大都也可能源於果裸，只是年代久遠，語音殊變。4.轉類發生。登高遠眺叫「觀」，所登臨處高台也因之叫「觀」；脊梁叫「背」，用背脊馱則叫「負」。5.抽象發生。人們從「果裸」、「栝樓」……這一系列具體事物中，概括出「渾淪」或「渾沌」。由睡眠之「寤」引伸出覺醒之「悟」。6.特指發生。駕三馬爲「驂」；一乘四馬爲「駟」。7.關聯發生。一事物已有名稱，與這一事物密切相關的其他事物也因此而得名。塞耳之珠玉叫「珥」，死之所含之玉叫「琀」。

由於文化的接觸和交流，某一語言向另一語言借用語詞，便出現了語詞的借用發生。無論是用詞族繫聯的方法研究詞語的孳乳發生，還是用考證源流的方法研究語詞的借用發生，都只是探尋發生由來，至於發生時間難以遽定。除了當代語詞的發生時間，可做出較爲準確的時間界定，見於古代文獻的語詞，更多的採取「始見書」的方式來相對確定某語詞至少不晚於某年代發生。從發生結果來看，我們把擬聲發生的詞叫原生詞，通過類比、分化、轉類、屈折等發生的詞叫次生詞，在此基礎上以附加、截縮、重疊等發生的詞叫派生詞，將單純結構加以合成則產生複合詞。由此構成了語詞發生的原生方式——次生方式——派生方式——複合方式的層級體系。

五

最初產生的詞類，有人以爲是原始動詞，以此爲基礎而發生分化出其他詞類。初民最早是認識「動作」還是「事物」，難以判定。關鍵的問題在於，僅有一類詞即沒有詞類。因此，最初產生的稱之爲詞的語言單位，並不像詞類系統形成以後的詞那樣，有著確定的詞性，只可能是句與詞尙未分化前的可表動作、名稱、性質的混沌性原生「句詞」。

泛稱代詞發生得較早，它們在句子中充當泛指主語或賓語，所指稱的是古人籠統感知的自然現象與社會現象。從最初的泛稱代詞中分化出指示代詞，多種語言中都有明顯或隱晦的例證表明，人稱代詞來源於指示代詞。上古漢語指示代詞是兼代人稱的，以後演變爲人稱代詞。

泛稱代詞的出現標誌著遠古人有了認識對象的觀念，這就促使他們爲面對的各個對象賦予音響符號，於是出現了原始名詞。原始名詞不是類名詞或抽象名詞，而是個體專有名詞。在一些原始部落中，每一棵樹都有一個專名，而沒有總括之名。上古漢語中不同年齡、不同顏色的馬都有不同的專名，阿拉伯人對「沙」有幾十種叫法，這些都是原始名詞的遺迹。專名的類化形成類名詞，專名的虛化形成抽象名詞。名詞發生的同時導致了與動詞的對立。在各種古代語言中，都有動詞和名詞界限不甚分明的現象，這是因爲二者本於一源。古代漢語「春風風人，夏雨雨人」，一名一動連用。在英語中，動詞與名詞的轉化也經常見到。形容詞表示事物的性質，它的發生晚於表示事物的名詞。形容詞的主要來源是名詞和動詞，上古漢語中梅花鹿、鹿皮之「麗」轉化爲華麗之「麗」。凡是沒有類名詞與形容詞的語言可視爲較原始的語言。哈欽遜在《現存人種》一書中，對現已滅絕的塔斯馬尼亞語做過這樣的描述：「此種土語於其句之結構中，無一定次序及布置，不過用依附之音調、姿態及手勢以表示動作之方式、時間、數目等等而已。抽象名詞極少，如於各種橡樹或棕樹等皆各有名詞，而卒無一普通之『樹』字。質體上之硬、軟、暖、寒、長、短、圓等字亦無之。於其圓者則曰『如月』，堅者則曰『如石』。」

嘆詞是感情的宣洩呼應，像聲詞是聲音的模擬，它們都是最原始的詞。數詞來源於名詞。漢語「一」可能源於「自」（即鼻，古代割鼻之刑爲「劓」，音同「一」），「二」也許源於「耳」（人之雙耳爲二）。量詞來源於名詞和動詞，分爲名量與動量。

副詞由動詞、名詞、形容詞轉化而來。介詞、連詞由動詞或名詞轉化而來。助詞由動詞或指示代詞轉化而來。語氣詞由動詞和嘆詞轉化而來。

語法範疇的發生具有民族性，並不是所有的各種語言都具有同類表現手段的語法範疇，也並不是擁有同類表現手段的語法範疇的語言都具有相同的語法範疇，語法範疇的發生及語法手段的選擇與一定的民族文化與認知方式有關。語法範疇的發生具有原始思維性，而不是現代邏輯範疇的模本。範疇「性」，並不與現代人所認定的客觀事物的屬性完全一致，甚至表示生物的名詞的性同它們本身的自然性別也會不相吻合。一般來說，系統的形態語法範疇只是在語言較早階段發生，是語言的主人對事物和關係所產生的某種特定的理解在語言中的投影。而那些缺乏系統的形態語法範疇的語言，除了可能在史前的語言混合中已丟失以外，並不表明他們缺少相應的原始邏輯範疇，只是這種原始認知未曾以語詞形態變化方式裸露在語言的語音層上。語法範疇的發生還具有歷史演變性，可以從有到無，也可以從無到有。上古漢語代詞沒有單複數的區別，「們」是南北朝時吳地流行的方言，在明人小說中才趨於規範。作爲一種表示複數的語法手段，「們」的規範標誌著漢語人稱代詞「數」範疇的發生。語法範疇的發生也可能是語言接觸滲透的結果。唐宋之際「了」、「著」從動詞變爲動態助詞，標誌著漢語動詞發生了「體」的語法範疇。「了」與阿爾泰語中的詞尾－l、－r存在著對應關係，而「著」與詞尾－d、－ʤ有著大量的對應關係。因此，漢語「體」範疇發生的深層因素與阿爾泰語對漢語的長期滲透相關。

一切句法結構的發生都源於原始「句詞」。原始「句詞」有如現代語言中的獨詞句，它可以是動態性的或靜態性的，也可以是感嘆性或祈使性的，由交際功能和具體語境確定。泛稱代詞與名詞的出現導致了雙部結構的發生。代詞和名詞做爲客體與動詞發生關係，則出現動賓結構模式：ＶＯ與ＯＶ。代詞和名詞做爲主體與動作發生關係，則出現主謂結構模式：ＳＶ與ＶＳ。主體、動作、客體三者發生關係形成主動賓結構。美國學者格林伯格把世界上的語言分爲ＯＶ語言和ＶＯ語言。兩種結構模式在各種語言中的比率，ＶＯ型占56%（ＳＶＯ35%，ＶＳＯ19%，ＶＯＳ2%），ＯＶ型占44%，絕大多數語言的主語總在句首。語序模式的形成也是選擇的結果。形態變化豐富的語言，語序則較爲靈活。比如古典拉丁語，像「女孩兒愛母親」可以有六種格式，現代法語只能用ＳＶＯ，因爲法語的名詞完全喪失了格的詞尾，語法重心從詞法轉向句法。先秦時代的漢語有ＳＶＯ與ＳＯＶ兩種格式，如「余不許我」；「今予惟不爾殺」。發展的結果是ＳＶＯ占了上風。

雙部靜態句只有在名詞和形容詞產生以後才有可能發生。較早的靜態句並沒有聯繫動詞，系詞的發生年代要晚得多。上古漢語判斷結構不用系詞，系詞「是」由指示代詞演變而來。英語的聯繫動詞be原來也是實義動詞（表示「存在」），後來才演變爲系詞。

根據修飾語的位置，名詞短語和動語短語可分爲兩種結構：凡修飾語置於被修飾語之後者叫順行結構，凡修飾語置於被修飾語之前者叫逆行結構。順行結構即Ｎ＋Ａ，如粵語中的「人客」、「雞公」；或Ｖ＋Ａ，如閩語廈門話「你行在先」，粵語「買幾斤香蕉添」。逆行結構即Ａ＋Ｎ，如北方話「客人」、「公雞」；或Ａ＋Ｖ，如「你先去」，「買幾斤香蕉」。橋本萬太郎認爲：「在某種自然語言的各種結構裡，某些部分是順行結構的話，其他部分也常常是順行結構；同樣，某些部分是逆行結構的話，其他部分也常常是逆行結構。」因此，ＳＶＯ型語言的名（動）詞短語是順行結構，ＳＶＯ型語言的短語是逆行結構。古代漢語是ＳＶＯ型，修飾動詞的成分一般放在動詞之後，如：「吳敗越於夫椒」（方位）；「霜葉紅似二月花」（比較）。名詞修飾成分居於之後的在古文獻中也有痕迹。如「中谷、丘商、祖甲、城濮」。ＳＶＯ型的北方阿爾泰語向南滲透，促使中原漢語向逆行結構演變。七、八世紀之際，開始出現明確的賓語前置詞，如杜甫詩句：「醉把茱萸仔細看」。上面所舉古漢語例句譯爲現代北方話修飾成分都移到動詞前。「吳軍在夫椒把越軍打敗」，「霜葉比二月花更紅」，都成了逆行結構，但是南方漢語還基本保留著順行結構。句法結構中上古代漢語向現代漢語「縱」的演變和句法類型上南方漢語向北方漢語的「橫」的推移，正好相對互爲驗證。

語言之間的接觸與影響也可以引起語法要素的借源發生。有時是構詞詞綴的借用發生，英語的algebra等詞的前綴al來自阿拉伯語的定冠詞。有時是虛詞的借用發生，廣西龍勝瑤族從漢語中借了連詞jom33wei12（因爲）、ta：n24tsei231（但是）等。有時是詞序的借用，壯語原來是順行結構saɯ24（書）kou24（我），受漢語影響現在成了逆行結構kou24（我）ti33（的）saɯ24（書）。納西語句型原來只有ＳＯＶ，借用漢語出現了ＳＶＯ。

六

綜上所述，語言發生學的研究對象是種系語言和語言要素的發生，研究方法是回溯性探究和觀察性解釋。種系語言的發生模式有分化、聚合和混合。語言要素的發生方式有內在發生與借用發生兩類。細分則有下列四種情況：1.新要素替代舊要素；2.舊要素部分存在，部分讓位於新要素；3.新要素不是來源於舊要素，而是從無到有；4.新要素通過借用方式發生。以往的語言學概論都把發生學研究歸入語言起源的討論，或納入語言的發展，未曾系統詳細地闡述。本文的目的，只是試圖爲語言的發生學研究構設一個框架，未安之處頗多。至於新生的語言要素如何在語言系統內以連續式或離散式方式演變，從無序到有序；語言換用的發生、中斷與完成；語言的基層和表層如何互相滲透；混合語如何在多種語言中耦合，從混雜到交融諸多問題，還有待深入研究。

主要參考文獻

1.徐通鏘《歷史語言學》，商務印書館1991年版。
2.任繼昉《漢語語源學》，重慶出版社1992年版。
3.〔美〕王士元《學術報告》，《語言學論叢》（第十一輯），商務印書館1983年版。
4.張今、陳雲清《英漢比較語法綱要》，商務印書館1981年版。
5.石林《侗語聲調的共時表現和歷時演變》，《民族語文》1991年第5期。
6.宋金蘭《漢語助詞「了」、「著」與阿爾泰語言的關係》，《民族語文》1991年第6期。
7.唐建《語言的起源和思維的起源》，《語文論叢》(1)，上海教育出版社1981年版。
8.〔日〕橋本萬太郎《語言地理類型學》（余志鴻譯），北京大學出版社1985年版。
9.馬學良主編《語言學概論》，華中工學院出版社1981年版。
10.李葆嘉《試論原始華夏語的歷史背景》，《語言學通訊》1990年第1—2期。
11.格勒《中華大地上的三大考古文化系統和民族系統》，《新華文摘》1988年第3期。

一九九三年一月草於北東瓜市十三號一舍十二室

（原刊於《南京師大學報》1994年第1期；人民大學書報資料中心《語言文字學》 1994年4期轉載；《概論・第六章・第二節》，山西高校聯合出版社1994年11月出版）

混合的語言和語言的混合

——論大陸近年來關於語言混合的研究

提 要

語言接觸現象可以分爲滲透、換用和混合三種類型，而語言的混合則是近年來國內外語言學家廣爲關注的問題。本文試圖對中國大陸近十五年來關於語言混合的研究情況作一綜論，著重述論五屯話、卡卓話和回輝話的研究現狀。繼而論述混合語言和語言混合研究的理論意義、系統方法和相關問題，以期推動中國混合語言學的建立和混合語研究的進一步深入。

一

正如約瑟夫・房德里耶斯（J.Vendryes）所說：「使語言不受任何外來影響而不斷發展的理想幾乎從來也沒有實現過。相反，相鄰語言的影響在語言的發展中常常起重大的作用。這是因爲語言的接觸是歷史的必然，而接觸必然會引起滲透。」①世界語言發展史表明，語言的演變往往與語言的相互影響密切相關。依據語言之間的影響程度，可以把語言接觸現象歸納爲三種類型。

第一種類型是語言的滲透。A語言的使用者和B語言的使用者的長期雜居相處或經濟文化的交流，B語言的使用者出於交際或表達的需要，借入A語言的詞彙。借詞數量的增多與廣泛使用，使B語言出現了一些原來沒有的音位或音節類型，甚至可能引起

B語言語音系統的某些變化。儘管同時也可能借入一些虛詞成分或句法結構，但是語言的滲透並沒有使B語言成爲另一種非B語言，只是使B語言種摻雜了A語言的某些語言要素。語言的滲透，可以是單向的，也可以是雙向的，即A語言在借出的同時也可能借入B語言的某些成分，中國境內的語言接觸大多屬於雙向滲透。

第二種類型是語言的換用。A語言的使用者與B語言的使用者長期雜居相處，共同的社會經濟文化生活促使B語言的使用者由借用對方的語言成分、到直接使用對方的語言。經過雙語制，直到最終放棄本族語而完全使用A語言，從而實現了語言的換用。

語言換用的發生，往往是因爲A語言的使用者在經濟文化以及人口數量上占絕對優勢，B語言的使用者爲了縮小差距或學習對方的文化而不得不使用對方的語言。在人類歷史上，除了自願換用，還有被動換用和強迫換用。語言換用後，原來使用B語言的人們在語言換用過程中，以底層方式保留了本族語的孑遺。如用B語言的語音習慣去發A語言的語詞，致使A語言在「吃掉」對方的同時也發生了程度不同的變異，甚至成爲A語言的一種方言，從而出現了對B語言的人們來說是語言的換用，而對A語言來說則是語言的變異的現象。②

第三種類型是語言的混合。A、B兩種或更多的語言之間強烈的相互影響，結果是出現了一種既不同於A語言也不同於B語言或來源語中任何一種的新語言。換而言之，在這一新的語言之中A、B語言或任何一種來源語都不復完整存在，新語種具有A、B或多種來源語的混合性特徵，這種語言就是混合語（mixed languages）。

據國外語言學家的研究，混合語的形成往往經歷兩個階段：皮欽語（pidgin）和克里奧耳語（creole）。③起初是皮欽語。

比如中國的洋涇濱英語，用漢語的方音發英語單詞，用漢語的語法連綴英語的詞語。皮欽語或者出現在港口、邊境地區；或者出現在殖民國家與地區。前者或稱之爲「市場語言」。由於總是依附於特定的經濟的、政治的社會環境，所以特定環境一旦不復存在，特定的皮欽語也就迅速消失。然而，如果這種環境長期存在，初期的皮欽語就會發展爲成熟的混合語，成爲這一地區的官方語言和兒童母語，即克里奧耳語。目前世界上已經發現數十種克里奧耳語。

混合語的研究始於19世紀下半葉，一般認爲，第一個對混合語進行研究的是美國學者Van Name（1869—1870）。被譽爲「克里奧耳語研究之父」的德國語言學家Hugo Shuchardt（1880—1914）第一次從理論上探討了混合語形成和發展的機制。本世紀初房德里耶斯的《語言》（1920）和葉斯丕森（Otto Jespersen）的《語言》（1922）都用一章的篇幅來討論洋涇濱語和混合語。但是，許多歐洲人把洋涇濱語和克里奧耳語看作殖民地人民對歐洲語言的糟蹋。殖民主義者則以此來證明殖民地人民低能，無法學好宗主國的語言。不少歐美語言學家認爲混合語是學習語言過程中的不良產物，因而沒有學術研究的價值。這種「混合語糟蹋歐洲語言論」的殖民主義背景，再加上正統歷史比較語言學以譜系模式觀察語言的分化與發展，語言的混合理論沒有任何地位，因此，長期以來，混合語的研究一直未能得到應有的重視。

第二次世界大戰中美國爲了全球參戰的需要，大大加強對世界各種語言的研究和教學，促進了語言學的發展，也使混合語的研究進入一個新的階段。美國語言學家R.Hall是第一個正式研究中國洋涇濱英語的語言學家（1944），又是爲洋涇濱語正名而大聲疾呼的第一人，他從理論上總結了洋涇濱語和克里奧耳語的生命周期，並且以混合語的研究結果來驗證語言變化的理論，對歷史語言學的方法論作出了重大貢獻（1959）。50年代以後混合語的研究有了長足的進展，1959年一些學者出席牙買加西印度群島大學的混合語研究學術討論會，自稱爲克里奧耳學家，創立了「克里奧耳學」這個新名詞；1973年夏威夷大學出版了名爲《洋涇濱信使》的研究通訊；1989年成立了國際性的洋涇濱語與克里奧耳語學會，混合語的研究已經成爲語言學的一個不可忽視的組成部分。④

二

本世紀50年代，中國語言學界對語言的混合作過一些討論，當時以斯大林署名的《馬克思主義與語言學問題》中的有關論述爲導向。與上述持「混合語糟蹋歐洲語言論」的許多歐洲人一樣，該書認爲，兩種語言的融合並不產生什麼新的第三種語言，只能是一方吃掉一方。洋涇濱語是對民族語言的污染。由此形成了「混合語語言污染論」在中國語言學界占據30餘年統治地位的狀況，「洋涇濱」這一詞語甚至被染上貶義色彩。

近十幾年來，中國語言學界，主要是民族語言學界，對中國境內的混合語言和語言混合進行了較爲廣泛深入的研究。1981年，趙相如和阿西木發表《艾努語的數詞——兼論艾努語的性質》；1982年，除乃雄發表《五屯語初探》。由此引起中國語言學界對混合語的興趣和關注。從那以後，關於研究混合語言和語言混合的論文不斷發表。

1981年—1996年（6月）關於混合語研究的論文的分類目錄⑤：

一、艾努語

1.趙相如、阿西木《艾努語的數詞——兼論艾努語的性質》，載《民族語文》1981年2期。

2.趙相如、阿西木《新疆艾努人的語言》，載《語言研究》1982年1期。

二、五屯話

3.陳乃雄《五屯話初探》，載《民族語文》1982年1期。

4.陳乃雄《五屯話音系》，載《民族語文》1988年3期。

5.陳乃雄《五屯話的動詞形態》，載《民族語文》1989年6期。

三、河州話

6.馬樹鈞《漢語河州話與阿爾泰語言》，載《民族語文》1984年2期。

7.仁增旺姆《漢語河州話與藏語的句子結構比較》，載《民族語文》1991年1期。

8.喜饒嘉錯《語言關係研究中的一些理論問題——〈漢語河州話與藏語的句子結構比較〉讀後》，載《民族語文》1991年4期。

四、卡卓話

9.和即仁《雲南蒙古族語言及其系屬問題》，載《民族語文》1989年5期。

五、本話

10.陳乃雄《雲南的契丹族後裔和契丹遺存》，載《民族語文》1994年6期。

六、回輝話

11.鄭貽青《海南島崖縣的回族及其回話》，載《民族研究》

1981年6期。

12.歐陽覺亞、鄭貽青《海南島崖縣回族的回輝話》，載《民族語文》1983年1期。

13.〔法〕A.G.歐德里古爾《海南島幾種語言的聲調》，載《民族語文》1984年4期。

14.〔美〕P.K.本尼迪克特《澳泰語的相似語言——海南一種有聲調的占系語言》，載〔日〕《亞非語言計算分析》1984年22本，漢譯見《民族語言研究情報資料集》9期。

15.鄭貽青《再談回輝話的地位問題》，載《民族語文》1986年6期。

16.倪大白《海南島三亞回族語言的系屬》，載《民族語文》1988年2期。

17.鄭貽青《回輝話中的漢語借詞及漢字讀音》，載《民族語文》1995年5期。

18.鄭貽青《論回輝話聲調的形成與發展》，載《民族語文》1996年3期。

七、村話

19.符鎮南《海南島西海岸的村話》，載《民族語文》1983年4期。

20.歐陽覺亞、符鎮南《海南島村話系屬問題》，載《民族語文》1988年1期。

八、那斗話

21.符鎮南《黎語的方言——那斗話》，載《民族語文》1990年4期。

九、甘青漢話

22.李克郁《青海漢話中的某些阿爾泰語言成分》，載《民族語文》1987年3期。

23.賈晞儒《青海漢話與少數民族語言》，載《民族語文》1991年5期。

24.宋金蘭《甘青漢話選擇問句的特點》，載《民族語文》1993年1期。

十、黨項／西夏語

25.陳乃雄《〈河西譯語〉中的阿爾泰語言成分》，載《中國語言學報》1982年總第1期。

26.聶鴻音《西夏詞源學淺議》，載《民族語文》1995年5期。

十一、東鄉語

27.余志鴻《從『蒙古秘史』語言看東鄉語》，載《民族語文》1994年1期。

十二、原始華夏漢語

28.李葆嘉《試論原始華夏語的歷史背景》，載《語言學通訊》1990年1—2合期。

29.李葆嘉《華夏漢語三元混成發生論》，載《建設中國文化語言學》，北方論叢叢書 1994年12月；又題名《論華夏漢語混成發生的考古文化與歷史傳說背景》，載(1)《東南文化》1995年2期，(2)《語言文字學》1995年9期。

30.吳安其《十二獸古藏緬數詞考》，載《民族語文》1994年6期。

31.李葆嘉《天問：華夏漢語祖先安在——論華夏漢語的混成發生和推移演變》，載(1)〔韓國〕《中國人文科學》1994年12月；(2)中國臺灣《國文天地》1995年2月。

32.李葆嘉《論漢語史研究的理論模式》，載(1)《語文研究》1995年4期，(2)《語言文字學》 1996年3期。

33.陳其光《漢語語源設想》，要點見《漢藏語系理論和方法專題研討會述評》，載《民族語文》1996年1期。

十三、原始朝鮮語

34.吳安其《論朝鮮語中的南島語基本成分》，載《民族語文》1994年1期。

十四、其他相關文獻

35.楊應新《論語言發展的多向性及對策》，載《民族語文》1990年5期。

36.李葆嘉《試論語言的發生學研究》，載(1)《南京師大學報》1994年1期，(2)《語文文字學》1994年4期。

37.梁　敏《對語言類型變化的一些看法》，載《民族語文》1995年6期。

38.周耀文《論語言融合——兼評斯大林的語言融合觀》，載《民族研究》1995年6期。

根據以上論文目錄可以看出，中國近年來混合語言的研究和語言混合的研究，其研究對象既有當代依然使用的混合語言，也有歷史上可能存在的混合語言，其研究方法既有語言混合的計量分析，也有語言混合的宏觀闡釋。

1990年，李葆嘉發表《試論原始華夏語的歷史背景》，根據新石器時期三大考古文化系統與三大歷史傳說系統的相互印證，提出原始南方語、原始藏緬語、原始阿爾泰語融合而成原始華夏語的論斷，從文化史角度預言了南方語和漢語的同源性。1993年，李葆嘉參著《語言學概論》⑥，在《語言的發生學研究》一節中，把語言的發生歸納爲歷時分化發生、共時聚合發生與克里奧耳語的混合發生三種類型。劉丹青評價：「其中的『語言的發生學研究』一節很值得注意。關於現有語種的來源，各教材基本沿用單講分化的譜系學說，然而這早已難以面對語種發生多元性的大量事實。《概論》將語種的發生分爲……三種情況，具有更加全面的解釋力」。⑦混合語言的存在事實爲語言混合發生理論的建立提供了有力證據，語言混合發生的理論又爲中國語言史和東亞語言史的研究注入了新的活力。

三

與海外混合語產生的近代世界史上的殖民化背景不同，中國境內的語言混合的社會背景是多民族的自然雜居和文化交流。與國內存在過的廣州洋涇濱英語和上海洋涇濱英語爲當時中外貿易服務的市場需要也不同，中國境內民族語言的混合並非出於市場貿易的需要，而是根植於長期的、共同的經濟文化社會生活的需要。由此，西方混合語言研究中的以宗主國語言爲高層語（superstrate language）與以殖民地語言爲低層語（substrate language）的概念以及混合語形成的單一起源論（monogenesis）、克里奧耳連續流（creole continuum）、簡化理論（simplification theory）、普遍語法理論（language universals）、低層語影響論（substrate influence）和綜合理論，並不能機械的拿來以闡釋中國境內的混合語言和語言混合的現象。有些理論，比如單一起源論，用以解釋世界範圍內所有的混合語言，明顯是錯誤的。

現將正在使用中的五屯話、卡卓話與三亞回輝話這三種混合語的研究狀況分別概述如下。

㈠五屯話：漢語和藏語的混合語

五屯話是中國語言學界較早注意並研究得較爲深入的混合語種。五屯話分布在青海省黃南藏族自治州同仁縣，是當地一部分土族居民使用的一種長期受到藏語強烈影響的以漢語爲基礎演變而成的混合語。

五屯人的來歷，陳乃雄（1982）起初認爲最早來源於四川。後來有人指出五屯人來自江南。陳乃雄（1988）更改了原先的說法，同時進一步認定五屯人應來源於江南的南京，並以語音資料加以證明。五屯人約在明初，最遲不晚於明朝萬曆年間，從南京一帶遷來，後受當地土族首領的統治，經過幾百年的繁衍，今天已自稱「土人」了。我們認爲：所謂南京，並非限於今南京轄區，當包括今江蘇和安徽的江淮一帶；五屯人原來說的江南漢語，蓋爲明代下江官話。

依據通常看法，生產力與文化水平較低的民族在與生產力與文化水平較高的民族的接觸中，後者的語言對前者的語言影響較大。但現在看來，這種說法並不確切。在特定的生態環境、特定的政治格局、特定的人口比例之下，影響力較大的語言是在當地政治上占統治地位、人口占多數、生產方式適應當地生態環境的民族的語言。南京或江南的農耕生產力與文化水平雖然比青海地區的畜牧生產力與文化水平高得多，但是，從南京一帶遷來的漢人，由於青海自然地理的原因，不得不放棄原有的農耕生產而改從畜牧生產。再加上政治格局中處於被統治地位與人口比例占少數等因素，就不得不學習當地的通用語言藏語，但又盡力保持原用漢語而不願徹底換用，以致原先的江南漢語久而久之就逐步演變成了今天的五屯話。如今，大多數五屯人是雙語者，自己人內部通行五屯話，與藏族居民，包括懂藏語的漢族、漢藏、同仁土族，交際時則用藏語。

語音方面，五屯話有8個舌面元音和2個舌尖元音。和漢語普通話一樣，舌尖元音可以與舌尖前輔音和舌尖後輔音學相拼。和普通話由於互補因而2個舌尖元音與〔i〕同屬於一個音位不一樣，在五屯話中歸納爲不同的音位。五屯話有13個複元音。有的源於漢語，如/ei/，/ia/，/ie/，/io/；有的源於藏語，如/yi/，/iu/。總的說來，五屯話的元音受藏語影響較小。

五屯話有33個單輔音，有一些不同於漢語普通話的輔音。/z/只出現在藏語來源詞裡；而/l/只出現在漢語來源詞裡。現代漢語中沒有複輔音，而五屯話受藏語影響有24個複輔音，這些複輔音幾乎全見於藏語來源詞之中。只有/tq/和/lq/由漢語的/t/和/l/演變而來並且目前尚不穩定，有時仍讀作/t/和/l/。如：「打」〔tqa〕—〔ta〕、「拉」〔lqa〕—〔la〕。與元音相比，五屯話輔音受藏語影響較大。

聲調在五屯話詞音系統中變異最爲明顯。可能是由於多音節詞的增多和受到沒有聲調的同仁藏語的強烈影響，五屯話中基礎來源漢語的聲調消失了，轉化爲一種詞重音。如：「買米」〔̀mi me〕與「賣米」〔mi ̀me〕，拆開來的〔mi〕、〔me〕並無輕重差異，組合在一起的時候，出現相對不同的輕重。這明顯是聲調消失後的孑遺。

詞彙方面，五屯話中漢語源詞占55%；藏語源詞雖然只占20%，但是已經滲透到了五屯話詞彙的每一個角落。在表達某些概念時，有漢語源詞和藏語源詞通用的情況。如：「冬天」〔toŋ ̀ɕi〕（漢）—〔kəŋ`kha〕（藏）。五屯話中還有以漢語語素和藏語語素組合而成的漢藏合璧詞。如：「門簾」〔mən`te jer ̀wa〕。漢藏通用詞與合璧詞在五屯話詞彙中占5%。五屯人在藏語詞根的基礎上接綴五屯話特有的詞綴以構成新詞。如：「出發」〔lamalan〕（藏）—〔lamalan`la〕（五屯）。同時，也在漢語詞的基礎上接綴一些藏語的詞綴以構成新詞。如：「犯人」〔lòke wa〕，其中〔lòke-〕源於漢語詞「勞改」，〔-wa〕是藏語中表人的詞綴。這些構詞方式是作爲混合語的五屯話在詞彙方面和構詞方法的獨有特徵。

上述語音和詞彙的特點，都鮮明地表現了源於漢藏語言的混合語——五屯話「你中有我，我中有你」的混合性。然而，五屯話的語法結構卻表現出與漢語完全不同的特徵。與漢語語法相比，五屯話最突出的是SOV語序。如：「我紅糖沒有，我白糖有有」〔ŋa xithiem̀ie mijɤ,ŋa phathiem̀ie jɤjɤ〕。SOV句式在青海的漢語方言裡雖然較爲普遍，但也可以是SVO句式，而五屯話一無例外，只有SOV結構。

五屯話的動詞體系表現爲由基礎來源語漢語的孤立語類型向黏著語類型變化的趨勢。五屯話的動詞有數十種形態變化。如：後綴〔-dzi〕表示將做未做的行爲；後綴〔-lio〕表示過去式；後綴〔-guo〕表示完成式。這些動詞形態成分大都是由漢語助詞演變而來。表示領屬關係的〔-tə〕和表示處所的「-li」，毫無疑問，也來自漢語的「的」和「里」。漢語的動詞雖然也借助虛詞表達動作行爲的時體，但是，無論從使用規模上，還是從思維方式上，都與五屯話有著質的差異。

與漢語語法相比，五屯話的顯著差別還有：五屯話有類似「格」的語法形式；五屯話的「數」與保安語相似；五屯話祈使句尾與保安語也很相似。依據五屯話與保安語的相似之處，可以推測五屯話形成過程中，阿爾泰語言也有一定影響。這可能是毗鄰的土族語言對五屯話的滲透所留下的痕迹。當地的土族與五屯人在歷史上曾同屬一個千夫管轄，來往關係密切。而土族自稱「蒙古爾」，又稱「察罕蒙古爾」即「白蒙古」，一般稱「蒙古土人」。由此可見，土族和蒙古族具有親族關係。土族所使用的保安語，對五屯話的影響並不僅有上述幾條。對五屯話和保安語作全面比較研究，這是五屯話研究領域的一塊亟待開墾的土地。也許，在不久的將來，可以說：五屯話是漢語、藏語混合且受到保安語滲透的混合語。⑧

㈡卡卓語：白語和彝語的混合語

卡卓語是現在雲南通海縣蒙古族使用的語言，因雲南蒙古族居民自稱「卡卓」（Kha55 tso31）而得名。

通海縣由舊治通海、河西兩縣合併而成。早在南詔、大理國時期，這一帶已經是白族和彝族的勢力範圍。河西在元代成爲蒙古軍隊的屯駐要地之一。1253年，蒙古軍隊進入雲南，消滅大理國後，在當地實行亦軍亦農的屯田制度。蒙古士卒與當地白族婦女通婚，白語成爲蒙古兒童的母語。在白族居民占多數的環境中生活，蒙古士卒換用了白語，本族蒙古語趨於消亡。明朝初年，派遷大批漢族人到河西屯田，當地的白族居民逐漸融合到漢族中去了。只有居住在通海的部分操白語的蒙古族居民，沒有與漢族同化。他們在與當地彝族居民的長期接觸中，特別是與彝族居民的通婚中，所使用的白語又受到彝語的強烈影響，漸漸地被彝語所混合，從而形成了非白非彝的一種獨立語言——卡卓語。

語音方面，卡卓語與白語保留著較多的一致性。卡卓語和白語都只有23個輔音，塞音和塞擦音不分清濁，都沒有舌尖後塞擦音。元音方面，卡卓語和白語有音值基本相同的16個元音。但是，卡卓語在白語4種音節結構類型的基礎上，增加了一種源於彝語的音節結構類型，即「m」、「ŋ」可以自成音節，如「做」〔m33〕、「牛」〔ŋ33〕。此外，卡卓語受彝語的影響，音節中以單元音爲主，複元音主要出現在漢語借詞裡。總的看來，卡卓語的語音受彝語影響不大。

詞彙方面，卡卓語與白語之間821個常用詞的比較結果是同源詞比率占24.8%，卡卓語與彝語之間850個常用詞的比較結果是同源詞比率44.2%。顯而易見，後者比例比前者比例高得多，彝語對卡卓語的詞彙影響較大。究其原因，卡卓語的前身是白語，彝語的混入是後來居上。換而言之，源於白語的詞彙是卡卓語的前身在元代就具有的，源於彝語的詞彙是卡卓語在明清時代才吸收的。語法方面，卡卓語的語序和彝語的語序基本相同，都是SOV式，而白語的語序是SVO式。

由此可見，卡卓語作為一種混合語，在語音上保留了白語語音基層，在詞彙與語序上被彝語所覆蓋。然而，卡卓語既然是雲南蒙古族使用的語言，其中是否有元代蒙古語殘留的蛛絲馬迹，還有待深入研究。據陳乃雄（1994）的研究，同樣生活在雲南的契丹後裔本人所說的本話還有個別契丹詞語遺存。另外，除了常用詞的比較，語音、詞彙和語法三方面的全面綜合比較研究還有待進一步展開。

㈢回輝話：占語和漢語的混合語

大陸的回族先民是宋元以來由中亞或西域遷來的波斯、阿拉伯、回紇的穆斯林。他們起初使用各自的本族語，後來逐漸換用漢語。但是，只有海南三亞市回輝、回新兩鄉的回族居民，其內部卻使用一種特殊的回話或稱回輝話。

三亞回族是10世紀末以後陸續從東南亞的占城遷來海南島的，最晚一批是在明成化二十二年（1486），至今也已有500年的歷史。本尼迪克特（1941）認為海南島的回民語言與占語有關。⑨歐陽覺非、鄭貽青（1983）僅把回輝話同一些壯侗語言從類型上做比較，在沒有能把回輝話與其原居地的占語做比較的情況下，就否定了本尼迪克特的觀點，認定回輝話和占語是完全不同的，與壯侗語族語言比較近似。他們的文章發表後，回輝話的研究引起海外學者的關注。歐德里古爾（1984）與之商榷，本尼迪克特（1984）再次撰文，分別認爲回輝話與占語有明顯的對應關係，說明回輝話來自占語。鄭貽青（1986）將回輝話與占語群的拉德（Rhade）語作了比較，表明回輝話與拉德語有親緣關係，但不能忽視回輝話在漢藏語系語言的影響下，類型上已經發生了巨大變化。進一步的研究表明，回輝話話是占語和漢語的混合語。

占語和印尼語同源，屬於南島語系，其單詞是雙音節結構。以占語作爲基礎來源語的回輝話的前身無疑是雙音節語言，而現在的回輝話卻已經是單音節語言了。回輝話在單音節化的過程中，作爲補償手段，產生了聲調。回輝話和印尼語之間的同源詞，對應部分多數在印尼語的第二個音節。如：「田」〔ma〕（回）－〔hu-ma〕（印尼）。研究者由此認爲，源於占語的雙音節詞，在周圍單音節語言（漢語方言、黎語）的影響下，雙音節詞的前一個音節脫落，轉變爲單音節詞。這使人聯想到法國學者L.沙加爾（L.Sagart）《漢語南島語同源論》中的研究⑩，原始漢南語發展爲上古漢語曾經經歷從單詞雙音節結構到單音節結構的演變過程。如「白」*burak＜*brak＜*bak；「刮」*kurud＜*kwrat＜*kwait。。用公式表示如下：CVCVC＜CCVC＜CVC。李葆嘉（1994年）提出，促使這一演變發生的動因緣於華夏漢語發展過程中的語言混合。可以認爲，由占語到回輝話的單音節化正是基礎來源語占語和混入來源語漢語混合的結果。

回輝話在語音方面有一些與漢藏語言明顯不同而與南島語言相同的特點。如沒有以元音開頭的音節；元音分長短兩類；韻尾〔-i〕〔-u〕〔-n〕後面帶喉塞音〔？〕，韻尾前面的主要元音是緊元音；輔音〔？b〕〔？d〕，前面有先喉塞音等等。

回輝話以單音節詞占優勢，是典型的孤立語，只有少量的帶

〔a〕〔iə〕等前綴的雙音節或三音節詞。回輝話的合成詞語結構，修飾成分通常在中心成分之後即NA結構，如：「旋風」〔nin33（風）viə35（轉）〕，這也是南島語系構詞特點的表現。但是，也有少數合成詞是AN結構。語法方面，回輝話表現出較多的漢語特徵。最主要的是利用虛詞和語序來表示語法關係，並且語序和漢語語序基本相同。與構詞方面的NA結構相一致，回輝話的定語放在中心詞之後，保留著南島語系語言的特點。

回輝話的研究有一些「迷」。比如，三亞回民來自占城，占城回民來自何方？大陸的回民大多是經由西域而來，占城的回民是否從阿拉伯經由海路而來？回輝話中否還能發現阿拉伯語的孑遺呢？現在的三亞回族居民會講漢語海南話（閩南方言）、會說軍話（西南官話）、邁話與儋州話（粵方言的兩種土語），回輝話究竟是占語和漢語的哪一種方言的混合呢？還有不少回民會說當地的黎語，黎語是否對回輝話也有所滲透呢？

鄭貽青（1995）的研究表明，回輝話的漢語借詞及漢字讀音與海南島上的幾種漢語方言讀音有一定的差別，通過回輝話借詞讀音及漢字讀音與漢語海南話、儋州話字音、軍話、邁話的對比，推斷回輝話漢語借詞及漢字讀音是來自比較古的一種漢語北方方言。鄭文中所列51個漢語借詞，「除夕」〔sa:n33 sa55 za11〕當爲「三十夜」；「春節」〔nin11〕當爲「年」。鄭文認爲：「回族子弟入學一直使用漢語漢文，其讀音是一種接近軍話的讀書音，或稱『官音』、『正音』。……當時海南島北部的儋縣（古儋州）的漢人除了使用著一種漢語南方方言之外，由於各類官員以及文人學士的傳播，當地還同時通行一種北方方言的『官話』讀書音，……居住在這裡的回族所學的很可能就是這種古『官話』。」鄭貽青的研究信而有徵，有理由認爲回輝話主要不是受海南島的漢語方言影響，主要受歷史上官話、官音的影響。只是對於這古官話，不宜含混的稱爲一種漢語北方方言。我們認爲，依據鄭文所做的比較，已經可以推定出這種古官話就是宋代的汴洛正音及由此演變而來的明清官話（以南京音爲標準的江淮官話）。

四

隨著對混合語言存在事實的認可與語言混合研究的日益深入，「混合語語言污染論」成爲歷史偏見。在中國，雖然沒有那種將少數民族居民學不好漢語斥之爲糟蹋漢語的觀念，但是並不是說所有語言學家都已經從源於歐洲殖民主義的「語言糟蹋論」的「語言污染論」的陰影中走出來。除了近代史上以西方殖民爲背景引起的語言混合之外，有一個更古老的事實，在多民族國家或地區，語言的混合是特定的歷史條件下的語言運動，混合語是特定的民族雜居狀況和特定的社會經濟文化生活的產物，語言混合是新語種產生的一種模式。

混合語言和語言混合的研究有著十分深廣的理論意義和應用價值。傳統歷史比較語言學無法解決的某些語言的系屬問題，若能從語言混合的角度加以研究，或許可望找到答案。比如朝鮮語，是屬於阿爾泰語系，還是系屬不明？據吳安其（1995年）研究，朝鮮語中有一批身體部位，天地日月等名稱詞、動作詞和數詞與南島語詞有對應關係，語法框架又較接近，因此朝鮮語與南島語關係密切。朝鮮語有關水稻文化的詞與南島語詞的對應，說明朝鮮先民是稻作民族，而不是阿爾泰語系的游牧民族。我們以爲是否可以這樣設想，古代朝鮮語的基礎來源語是南島語，其混入來源語是阿爾泰語。也就是說，遼東一朝鮮半島的本初居民是操原始夷越語（即原始南島語）的古夷越人（與現代南島人的祖先同一系統）。遠古時代，從朝鮮半島、遼東半島、山東半島、江淮平原到東南一帶，都是古夷越人的活動範圍，以稻作爲其主要生產方式。阿爾泰語言對朝鮮語的影響至少可追溯至秦漢時代。契丹及契丹先民的語言對朝鮮語的影響長達10個世紀以上。阿爾泰居民先後進入遼東—朝鮮半島，實行了民族的融合和語言的混合。另外，有一點必須注意到，古代夷越語和古代胡狄語都是黏著語言類型，它們的後裔語言現代南島語和現代阿爾泰語仍然是黏著語類型。因此，發生在遼東—朝鮮半島歷史上的語言混合是屬於同一種語言類型的兩種語言的混合。

沙加爾的「漢語南島語同源論」，或者以爲尚缺乏充足的證據。有人提出，三亞回輝話可以視爲原始漢—南共同語向古代漢語演變的中間環節的參照之一，爲漢語演變研究提供了新思路。⑪李葆嘉（1990、1994）試圖從語言混合的角度探討原始華夏語的起源，結合三大考古文化系統，貫通歷史比較語言學研究中的漢—南同源論、漢—藏同源論與漢—阿同源論，與歷史傳說相印證，論證了原始華夏語就是太古夷越（南島）語、太古氐羌（藏緬）語、太古胡狄（阿泰爾）語在中原地區長期互相滲透、換用、混成的結果，提出「原始華夏漢語三元混成發生論」。利用歷史比較語言學方法考察漢語與周邊語言關係而提出的三種同源論，在語言混合理論的闡釋中得到化解，爲揭開東亞—南洋語言文化圈遠古社會的面紗做了初步嘗試。通過這些研究，可以進一步明確孤立語言是語言混合的結果，得出語言類型的演變是從黏著語言類型、屈折語言類型到孤立語言類型的結論，與歐洲語言中心論的屈折語型爲最高語言類型論的臆斷恰恰相反。

混合語言的研究，在中國還是剛剛起步，混合語研究的理論和系統方法還處在趨於成熟之中。在中國，混合語往往產生在民族雜居區域和語言走廊地帶，民族語言學家往往是混合語的首先發現者。

綜合當前混合語研究的多個個案，我們嘗試提出混合語研究的系統方法，並且排列如次：共時描寫法（描寫的是混合的語言）——歷史追溯法——源語比較法——動態描寫法（描寫的是語言的混合）——演變闡釋法——抽象理論法。

混合語研究的第一步是對假定性混合語言自身的詳盡描寫。

第二步是追溯該語主的歷史，追溯語主在歷史上使用何種語言並了解該語言的接觸語言。以此爲基礎，初步確定可能性來源語（或稱源語）。來源語可以分爲基礎來源語與混入來源語。語主原先使用的語言爲基礎來源語；後來滲透其中或覆蓋其上的語言爲混入來源語。某一混合語的來源語可以是兩種，也可以是多種。如廣西融水苗族自治縣的永樂鄉，一部分自稱e55的壯族居民，據說使用一種由漢、壯、仫佬、毛難、侗等5種語言混合而成的「五色話」。⑫多種來源語可以是相對共時層面的混合，也可以是先後歷時層面的混合。

第三步，將該語言與可能性來源語進行定性的和定量的比較。定性比較的結果，可能性來源語或者被確定爲眞實源語，或者被確定爲虛假源語。如果出現後者，就需要重新尋找可能性來源語，再行比較。在一種語言有多種方言的情況下，應力求利用基礎來源語的歷史方言或參證後裔方言來與混合語比較，應避免利用非基礎來源語方言進行比較。五屯人既然是明代由江南南京一帶遷出，原來的語言當是明代下江官話，因此選用現代漢語普通話與五屯話比較並不恰當，應當利用明代下江官話且參證現代江淮方言（選擇此方言區內保留明代語言面貌較多的次方言）與之比較。

當然，在基礎來源語方言系屬不明的情況下，利用基礎來源語的共同語進行比較也是難免的。

定量比較則是在可能的情況下，分析計算出不同來源語在該混合語的語音、詞彙和語法等方面的各自比例。

第四步，對該混合語語言要素的歷時混合過程進行動態描寫。

第五步，對該混合語的性質和特徵，比如語言類型的轉變，進行闡釋。

第六步，依據該混合語的研究引出語言混合的理論。多種混合語的研究將有可能在幾種次類型的基礎上抽象出語言進化的一種模式，對語言的本質產生認識的飛躍。

混合語言和語言混合的研究中有一些基本問題尙須探討，語言滲透與語言混合如何界定與區分？混合語言的認定標準是什麼？中國境內語言混合中的共性規律和個性特徵各是什麼？

語言滲透是語言混合的起點，但並不是所有的語言滲透必然導致語言混合。比如歷史上的朝鮮語、日本語借入大量的漢語詞彙，歷史上的英語借入大量的法語詞彙，以致這些語言都發生了深刻的變化。但是，因爲作爲語主民族的這一群體的歷史沒有中斷，這些語言面貌的巨大變化通常看作該語言的演變發展。確定爲混合語的語言，以現有的關係語言爲參照，是一種既不屬於 A 語言也不屬於 B 語言的語種。一種情是操混合語的語主本身就具有混合性（如卡卓人），換而言之，該語主是通過民族融合形成的一個新民族。另一種情況，即使語主比較單一，但由於長久脫離民族的共同地域、共同經濟生活與共同文化氛圍，與原先民族的經濟方式、文化心理已經迥然不同，所使用的語言與來源民族的語言已有本質差別，因此必須認爲這是一種不同於基礎來源語的獨立語言（如五屯話）。

語言學界有一種通行的說法，語音和詞彙是語言的表層或淺層，語法是語言的底層或深層，並且認爲表層容易發生變異，而深層語法結構則根深柢固。喜饒嘉錯（1991年）批評了這種機械分層理論。他認爲：「按一般層次觀念來說，語音、詞彙、語義、語法都各有其淺層次和深層次的內容，比如具體語音是淺層次的，但語音的規則、系統、結構、框架則是深層次的，詞彙、語義、語法也一樣。」需要考慮的，這種語言各子系統皆分深淺層次的劃分，是否也以穩定而不易發生變異與否爲標準呢？

根據系統論的觀點，語言系統中的語音、詞彙、語法之間是密切關聯的。因此，任何一個子系統的變化都可能在不同程度上觸發另外兩個子系統的相關變化。各子系統內部也是密切關聯的，如具體的語音和語音的結構、規則和系統是互爲一體的。李葆嘉認爲，一種語言的語音系統應當包括音位系統與詞音系統兩個層面。抽象的音位系統寓於具體的詞音系統之中。⑬持續的詞音系統層面上的具體語音要素的變化必然導致抽象的音位系統層面上的規則、結構以致整個系統的變化。通過對混合語的研究可以發現，語言混合過程中，語音系統、語法結構以及語言類型的變化，都是緣於語詞的大量借入。也許，個別的借詞沒有影響或者產生的影響微乎其微，但是，大量的借詞不僅會使一種語言的詞彙系統和語義系統發生改變，不僅會使一種語言的單詞語音結構類型和構詞方法發生改變，而且可以使借入語言的語音要素發生變化，由此引起音位組合規則、音節結構類型的改變，最終導致語音系統的本質變化。在一定的條件下，大量借詞所帶來的被借語言的構詞方法（在一種語言中，詞法結構的VO或OV和AN或NA，與句法結構基本一致）以及語法範疇，可以引起借入語言的詞法和句法結構的改變，最終導致語法系統以致語言類型的改變。正如喜饒嘉錯所說：「詞彙包含了語音、語義、語法各個層面的內容。」因此，可以認爲借詞既是語言滲透的起點，又是語言混合的關鍵。

中國境內的混合語的研究表明，混合語中的語法結構往往與基礎來源語差異程度較大，則更多地表現出混入來源語的語法特徵。如上述的五屯話、卡卓語和回輝話的語法都更多地表現出非基礎來源語的特徵。基礎來源語的語音系統一般不易變化，基礎來源語的詞彙比例可大（五屯話）可小（卡卓語），混入來源語的語法往往覆蓋基礎來源語的語法，這是中國境內混合語言的重要特點。

中國境內混合語的研究表明，語言的混合可以引起語言類型的轉變。語言的混合可以從屈折語型變化爲黏著語型（艾努語）；語言的混合可以從黏著語型蛻變爲孤立語型（回輝話）；語言的混合也可以由孤立語型轉變爲黏著語型（五屯話），這一情況表明雖然孤立語型是語言混合的結果，但並非語言類型演變的終結。

至於不同混合語的個性特徵，就詞彙而言，具有一些通用詞、合璧詞是五屯話的詞彙特點；由基礎來源語的單詞雙音節結構變化爲混入來源語的單詞單音節結構是回輝話的詞彙特點；混入來源語的詞語大面積覆蓋基礎來源語的詞語是卡卓語的詞彙特點。

總而言之，混合語言的研究和語言混合的研究其前景非常廣闊，深入研究中國境內及其毗鄰區域之混合的語言和語言的混合，創建中國混合語言學或東亞混合語言學以豐富世界克里奥耳學是當代中國語言學界的一項歷史使命。

【附　註】

① 約瑟夫·房德里耶斯《語言》（岑麒祥、葉蜚聲譯）310頁，商務印書館1992年4月版。

② 詳見李葆嘉《中國語的歷史與歷史的中國語——7000年中國語史宏觀通論》，日本《中國語研究》1996年第38號。

③ 據石定栩所引文獻，pidgin這個詞是英語的business經過廣東人的變音而形成的；又creole源於拉丁語的creare（創造），葡萄牙借作criar，意爲撫養孩子。在巴西人葡萄牙語中演變成crioulo，用來指土生奴隸，後擴展到泛指在美洲出生的歐洲或非洲後裔，又引申爲這些人的生活習慣和語言。這個詞借到英語裡就成了creole，而且慢慢地變得專指混合語。與大陸語言學概論教材中通常所說pidgin源於上海話的發音、creole其義爲混血兒的說法不同。

④ 石定栩《洋涇濱語及克里奧耳語研究的歷史和現狀》，載《國外語言學》1995年4期。

⑤ 目錄中所列論文確定爲混合語言和語言混合研究的論文，是本文作者的主觀認定，並不一定全是論文著者的論旨，如有不妥，敬祈鑒諒。本文引用此目錄內的論文內容，一般不再注明出處。如有必要，在作者姓名後加注年份。

⑥ 余志鴻、黃國營主編《語言學概論》，山西高校聯合出版社1994年12月。

⑦ 劉丹青《改革、創新、飛躍與缺憾》，載《漢語學習》1995年6期。

⑧ 賈晞儒《青海漢話與少數民族語言》中說：「（五屯人）現在講的語言是夾雜著漢語詞又類似阿爾泰語系保安話的一種特殊語言」。

⑨ P.L.本尼迪克特《海南島的占城移民》（A Cham Colony on the Island of Hainan），載《哈佛亞洲研究學報》1941年6月。

⑩ L.沙加爾Chineses and Austronesian are Genetically Related，第23屆國際漢藏語言學會議論文，1990年10月；Chineses and Austronesian：Evidence for a Genetic Relationship，JCL Vol. 21/1，1993年。漢譯《論漢語南島語的親屬關係》（鄭張尚芳、曾

曉渝譯），載《漢語研究在海外》（石鋒編），北京語言學院出版社 1995年。刑公畹對沙加爾論點和論證的述評補正見《關於漢語南島語的發生學關係問題》等文，載《民族語文》1991年第3、4、5期。

⑪ 引自潘悟雲《對華澳語系假說的若干支持材料》（打印稿），香港漢語語源專題研討會議論文，1994年。

⑫ 引自鄧曉華《人類文化語言學》266頁，廈門大學出版社1993年版。

⒀ 李葆嘉《論漢語音韻的文化內涵》，載⑴《江蘇社會科學》1994年4期；⑵《語言文字學》1994年6期。

（本文由李葆嘉確定選題，張璇同學查閱文獻資料寫成初稿，又經李葆嘉修改補充定稿。時在1995年1月至1996年底。）

何新《諸神的起源》聲訓辯證

《諸神的起源——中國遠古神話和歷史》（何新著）於中國神話和遠古野史多所發揮，其中大量運用訓詁方法——聲訓（準確地講是因聲求義）——循音探義，破借索本，克服障礙，溝通語義。因作者疏於聲音，故時有謬誤。本文擇條加以辯證，繼向歸納其附會臆斷，濫用誤用之類型，以引起同仁注意。

《諸神的起源》據三聯書店1986年5月第1版，引文後的頁碼即該書頁碼。所注某字上古聲紐韻部位參照《漢字古音手冊》（郭錫良，北京大學出版社1986年11月第1版），除用於比較辨說，擬音一般不錄。

一、「上古音中fú-buó二音本來相通，但後來分化爲兩音。這是伏羲的名號分化爲伏與包兩大系統的原因所在。」（20頁）

案：上古音中沒有fú buó（疑是bāo之訛）這兩個音節。伏（並紐職韻）包（幫紐幽韻）上古就有別，並非後來分化爲兩音。伏包二字旁紐雙聲，故可通假。伏羲之伏還可寫作宓（明紐質韻）虙（並紐質韻）慮（並紐職韻），都因音同、音近相通。所謂伏羲名號的兩大系統，至少古音學並沒有提供這種根據。此爲以現代音臆斷上古音之例。

二、「我以爲伏與包都是『薄』字的同音通假字（此字既可讀 fu，亦可讀buo）。」又自注④「薄從溥（fu）聲，而今讀buo，即是證明。」（20頁）

案：溥字現代音讀Pǔ，上古音滂紐魚韻*phua，與伏，包並不同音。溥字兩讀，純屬無稽之談。薄字今音兩讀bó/báo；上古並紐鐸韻，與溥同爲重唇音（證明古無輕唇不需要這類從古到今都是重唇的例子）。此是古音有別誤斷古音同之例。

三、「凡今音Xi者，先秦古音均讀作雙音節的Xi-e。若連讀即成爲'Xie'，亦即『俄』或『些』。」（21頁）

案：漢語拼音中Xi-e〔ɕi-ɤ〕與Xie〔ɕiɛ〕不是緩讀與連續的關係，單韻母〔ɤ〕與複韻母中的e〔ɛ〕形同而音異。今音Xi者，上古音中約有十五種音讀，唯獨沒有單音節讀成雙音節Xi-e的。上古音中，義（曉紐歌韻）讀*Xǐa（並非雙音節，ǐ是介音，a是元音）；俄（疑紐歌韻）讀*ŋa；些（心紐歌韻）讀*sia。此爲臆定古音且亂用連讀之例。

又該頁自注②「由此可以解決一個謎，《楚辭》中《招魂》句末，嘆詞用『些』字，……實則就是兮，即'Xie'的合音。」兮（匣紐支韻）讀*ɤie，並非合音。《說文通訓定聲》有「呰」，《釋文》注：語余聲也，字亦作「些」，見《楚辭》。些、兮都是語氣詞，何謎可解？

四、「而項以音求之，通于須、需。」（22頁）

案：因聲求義，須標明上古音韻地位並說明相通方式。項（曉紐屋韻）與需、須（心紐候韻）聲紐相通，韻母爲陰入對轉。此爲不標上古音韻地位之例。即使音通，無文獻佐證亦不得亂通。

五、「我推測華字是『曄』字的省文。」自注③「曄今音與燁相竄亂。其古音讀忽。」（26頁）

案：大徐本《說文》「曄」反切筠輒切（現代音yè），上古匣紐葉韻，與忽（曉紐物韻）音有別。「古音讀忽」引之何處？此爲以私意附會古讀之例。華爲草木之榮，曄爲光之貌，燁（爗）爲光之盛，曄從華聲，燁從曄聲，爲一組同源詞。華（匣紐魚韻）

與曄、燁雙聲，主元音相同，爲魚葉通轉，曄與燁之音未相竄亂。

六、常先的「先也是羲一儀（古音俄）的合音，……其實常先就是常羲和常儀的合稱。」（35頁）

案：「先」之上古音（心紐文韻）*siən；「羲」音（曉紐歌韻）*Xǐa，儀音（疑紐歌韻）*ŋǐa。先、羲不雙聲，先儀非迭韻，如何合音？此爲不明音理亂用合音之例。

七、「媧、娥疊韻對轉，例可通用。」（41頁）

案：媧、娥同屬歌部，故爲疊韻。元音相同而韻尾發音部位也相同，方可對轉，比如歌部〔a〕與月部〔at〕、元部〔an〕。聲紐相近，不言對轉。媧（見紐）、娥（疑紐）或稱旁紐雙聲（黃侃說），或稱同位正轉（戴震說）。「疊韻對轉」不辭。此爲不明音韻術語而誤用之例。

八、「羲和的古音讀作Xie，緩讀即羲—娥。」（44頁）

案：羲和上古音*Xǐa—ɣua，中古音*Xǐe—ɣua，不讀Xie。羲娥上古音*Xǐa—ŋa，Xie與此音非緩讀關係。此爲濫用緩讀之例。

九、「累字古代還有一音讀如lúo（螺）」。（46頁）

案：累，上古音來紐微韻*lǐwəi，中古來紐寘韻*lǐwe。古音無lúo，此是現代漢語普通話螺之讀音。此爲以現代音臆斷上古音之例。

十、「劉節《古史新證》曾指出羸、嬴、贏三字，古書中常相亂。而其本字當作嬴，音與黽通。」（47頁）

案：嬴等三字皆從羸聲，古書中可通假，非相亂。黽（明紐陽韻）、嬴（來紐歌韻）聲音並不相近，若言相通，須明通轉之理，且需文獻佐證。

十一、「又旱神別名女魃，或記作女發。……有黃帝女發…

…應就是漢代人止雨時所祭祀的旱神女媧（發、咼疊韻轉音，字可通）。」（59頁）

案：發誤，當作犮。犮（並紐月韻）咼（見紐歌韻），韻部主元音相同，但不疊韻。此爲古音不同部誤爲疊韻之例。

十二、「谷古音讀浴。浴、月一聲之轉、故相通。所以谷神其實就是月神。」（56頁）

案:谷（見紐屋韻）浴（余紐屋韻）二字同韻異紐。月（疑紐月韻）則與谷、浴聲韻較遠。

十三、「垣轉音即岳。」（92頁）

案：垣（匣紐元韻）、岳（疑紐屋韻）相距較遠，如何轉音？又有何文獻證據？

十四、「軒轅古音 Kuang lum（自注②，據李宗侗擬音），其對音正是昆侖……」（102頁）

案：軒（曉紐元韻）轅（匣紐元韻）古音*Xǐwan—ɣǐwan：昆（見紐文韻）侖（來紐文韻）音*Kuən—luən，如何對音？何氏於本書94頁引王荍友之說：昆侖乃胡人語，要之爲胡語「喀喇」之轉音，並案此說甚確。此處又以爲軒轅是昆侖對音，豈不矛盾？

十五、「咸池在他書中或記作甘水、甘淵。甘、咸古音同。」（107頁）

案：甘（見紐談韻）咸（匣紐侵韻），古音雖可通轉，但不同。

十六、「從音韻學的角度看，榑，古音búo。與蟠（古音búo）同音相假。而扶古音在幫母，也與榑音通相假。……因之『扶桑』之扶（búo）的語義，……其實就是『溥』。」（110頁）

案：榑（並紐魚韻）蟠（並紐元韻），古音不同。「扶」古音不在幫母而在並母，與「榑」古音相同，並不是音通。扶與溥

（滂紐魚韻）音極近。據音理可以相通，但要有文獻佐證，不能輕率據音斷義。 bǘo殊爲奇怪，既不是上古音構擬，又不像漢語拼音，莫名其妙。

十七、「蒙與明二字古音相同。而从訓義看，則它們恰屬於那種所謂『反義互訓』的詞。」（121頁）

案：蒙（明紐東韻）明（明紐陽韻），古音不同。「互訓」是同義詞相互爲訓，「反訓」是同一個詞含有正反相對的兩個義項，以反義爲訓解。「反義互訓」非訓詁學常用術語。從詞源學角度看，蒙與明屬於同源反義詞，如同「腹、背」之類。

十八、「從字音說，土，古韻在姥部，而老與母古乃同音字。因此，土、母是一音之轉。」（128頁）

案：「土」上古在透紐魚部，中古《廣韻》才在姥部。考見上古語義當據上古音系，著者昧于基本常識。以現代音，或以中古音證上古音相通，此類錯誤書中甚多。又「老」（來紐幽韻）、「母」（明紐之韻）古乃不同音。

十九、「辛字古音讀堯。證據是『辛同薪聲』，《說文》說：『薪，蕘聲。從艸，堯聲。』這一秘密過去似一直未被揭破。」（157頁）

案：《說文》蕘、薪互訓，蕘從堯聲，薪從新聲，涇渭分明。著者不是移花接木，則當另據秘本。「辛」（以斧析本）爲初文，「新」爲後起字，又滋乳分別字「薪」（所析之物），三者爲同族字，古音同在心紐眞韻，與蕘（日紐宵韻）相距甚遠。「辛」字古音讀「堯」乃郢書燕說。此爲誤引文獻以證古音讀之例。

二十、「羿音從羽，闕音從于。羽、于古音相通。所以羿可能就是《左傳》所說首居商丘以主火正的『閼伯』。」（173頁）

案：羿，本字作羿，從羽、幵聲（見《說文》）。閼音不從于，而是從於（于、於上古音有別）。羽、于古音相同，但與所證無涉。此爲誤定聲符以證古音讀之例。

二十一、「盤古（反切音爲『波』）。」（181頁）

案：盤（並紐元韻*buan）古（見紐魚韻*Ka）的反切音即並紐魚韻，相拼爲bua，與波（幫紐歌韻）*Pua音近但不同。

二十二、「尾古音yi，故尾——委羽乃一音之轉。而鍾、章又是一聲之轉。」自注①郝懿行箋《山海經》：章鍾聲轉，鍾山即章委山。（184頁）

案：「尾」古音明紐微韻*mǐwəi。豈能以漢語拼音標注構擬古音？又怎能以「尾」之今方音有讀yi的而證其爲上古音？尾轉委羽與郝氏鍾轉章委皆附會穿鑿之說。

二十三、自注②「務通委，羽、隅通。務隅山即委羽山，亦即羽山，又作蒼梧山。梧古音羽。」（185頁）

案：務（明紐侯韻）、委（影紐微韻）古音相差較遠，羽（匣紐魚韻）、隅（疑紐侯韻）現代音同而古音不同。梧（疑紐魚韻）與羽古音有別。此亂注上古音讀之例。

二十四、「詩中的『逴龍』就是講燭龍（逴、燭同音通假）。」（185頁）

案：逴（透紐藥韻）燭（章紐屋韻）並不同音。此爲音不同誤注音同之例。若有文獻證明相通，也是音轉通假。

二十五、「帝江，清人畢沅說，即帝鴻（鴻古音與江通」。」（191頁）

案：江从工聲，古音見紐東部。鴻從江聲，古音匣紐東部。以聲符代本字，古書通假之例。

二十六、「這裡所的『熙』，就是『緜』的近音通假字。」（201頁）

案：熙（曉紐之韻）、緜（見紐文韻），音不相近，如有其他材料證明相通，則是音轉通假。

二十七、「冥與昧是同義兼同源字，在上古語言中音義完全相同。」（201頁）

案：冥、昧是同源詞。但在上古中冥（明紐耗韻）昧（明紐物韻）音不完全相同，聲同韻異。《說文》冥，窈也（深遠）。段注：暮之訓日且冥也；昏之訓日冥也；並引鄭箋：冥，夜也。《說文》昧，昧爽，且明也。段注：將明未全明也。冥、昧渾言爲暗，析言則冥爲日暮之暗，而昧爲日未出之暗，語義並非完全相同。

二十八、「冥、昧古音同，讀若『晦』，而其音義又與海相通。」（202頁）

案：冥、昧古音不同，見上條。暉、海都是曉紐之韻，與冥、昧差別較大。未注讀若引自何處，如有可靠出處，方免臆說。

二十九、「玄冥之冥在上古音系中與武（古讀若『莫』）相通。」（202頁）

案：武（明紐魚韻）與冥雙聲，與莫（明紐鐸韻）亦雙聲，韻部爲陰入對轉。

三十、「虎方即徐方。但有人認爲徐即虎之音轉，則不確。案徐音余，通涂。淮楚之間稱虎爲『於涂』（即於菟）。……徐族實際是從於涂之涂得名。」（204頁）

案：虎，據《方言箋疏》：江淮之間或謂之於䖘。字又寫作於菟，於檡。「於」爲發聲詞頭，猶如「于越」「勾吳」之于、勾。本字是䖘，而菟，檡爲借字。菟、檡并音涂（故亦可寫作於涂）。於䖘之虎皮毛有紋，以類比造詞則「牛有虎文亦謂之犊」。犊牛由虎得名，可見徐族並不一定從涂得名，極有可能從虎（族）

得名。著者所論，與語詞孳生，語義語音類推之法則有悖。備考：老虎又名李父、伯都。要之，虎，虪、菟、涂、徐、父、都，皆在魚部，故爲轉語或文字通假。

三十一、「蓋隗（傀）、儡在古音中是雙音疊韻的連綿詞，音義相通。」（205頁）

案：連綿詞的兩個字或雙聲或疊韻或全異，既雙聲又疊韻的就是全同，則爲同音詞。傀儡是疊韻式。又連綿詞二字只表音節，合則因聲示義，分則單個無義。比如枇杷，枇與杷之間如何「義相通」？

三十二、「吾、余古音相同。荼與陸吾皆爲于菟——老虎之轉音。」（205頁）

案：吾（疑紐魚韻）余（余紐魚韻）古音，韻同聲異。

三十三、「于、烏古音同。而虪字從虎又從兔。」（207頁）

案：古字于、於有別，簡化字混同。於爲烏之古文（見《說文》）。于、於（烏）古音有別。虪爲形聲字，從虎，兔聲。

三十四、「蜍、涂、荼、菟均從余聲。古書中同音常可相亂。」（207頁）

案：前三字從余聲，菟則從兔聲。古書中同音通假爲當時之習慣，「相亂」之說是以今斥古。

三十五、「貙、舒、徐三字音通。」（208頁）

案：舒（書紐魚韻）、徐（邪紐魚韻）疊韻，貙（透紐侯韻）音與之差別稍大。《史記・五帝本紀》載黃帝率領熊、羆、貔、貅、貙、虎與炎帝戰於阪泉之野。貙即以貙爲圖騰之部落，蓋即後來遷至江東和東南沿海一帶的甌人之祖先。虎即虎方（徐方）。如據音通，則貙人、虎（徐）人混而爲一了。

三十六、「乾字古音讀幹。繁文作『榦』。榦字古音與今音

不同，當讀管。……管、旋、乾三字皆疊韻，故相通。」（216頁）

案：乾（群紐元韻）古音不讀斡（見紐元韻），兩者韻同，聲爲旁紐。斡不是乾之繁文（繁體）。三者皆從斡聲。斡字古音（影紐月韻）不讀管（見紐元韻）。管：旋、乾同在元部，證其相通，不必假道於「斡」。

三十七、「圜今音讀還，古音讀旋。」（216頁）

案：圜、還聲符相同，古今音皆同。圜（匣紐元韻）與旋（邪紐元韻）音近。

三十八、「夷音通刈，故可訓殺。」（228頁）

案：夷（余紐脂韻）、刈（疑紐月韻）古代讀音較遠，並不像普通話中僅有聲調之別。痍，傷也（見《說文》），夷爲痍之借，故可訓殺。此爲以現代普通話之音臆斷上古音相通之例。

三十九、「金音通刑，……金天其實就是刑天。」（228頁）

案：金（見紐侵韻）、刑（匣紐耕韻）韻部相差較遠。主元音不同，與普遍話主元音相同（鼻韻尾異）不一樣。

四十、「注③，天、殘，疊韻相通。」（228頁）

案：天、殘，于普通話疊韻（an）。上古音中天（眞韻）、殘（元韻）異部。

四十一、「又吉量實際上也就是麒麟，吉、麒，量、麟四字均疊韻雙聲，故相通。」（260頁）

案：均疊韻雙聲即爲同音字。吉（見紐質韻）、麒（群紐元韻）、量（來紐陽韻）、麟（來紐眞韻），均不疊韻，吉麒爲旁紐，量麟爲雙聲。麒麟是既不雙聲，又不疊韻（但相近）的連綿詞，估計是遠古外來語的譯音詞。

四十二、「仲傀以同音而演變爲仲虺」（275頁）

案：傀（見紐微韻）虺（曉紐微韻）韻同聲近，但不同音。當日：「以音近而演變爲某」。

四十三、「而胥、需兩字音類相近確可通轉（案，『胥』字音在心母魚韻三等平聲，需字音在心母虞韻三等平聲，相通）。」（296頁）

案：「胥」上古心紐魚韻，「需」上古心紐侯韻。作者所引不是上古音，而是中古《廣韻》之音（可能是據丁聲樹《古今字音對照手冊》，並非上古音工具書）。如若手頭沒有古音學工具書，亦當把《廣韻》音折合爲上古音。豈能以中古（今音）音讀證周秦通轉？

四十四、「仁、人與夷三字，古代也同音同形並且可通假。」（326頁）

案：仁、人（日紐眞韻）與夷（余紐脂韻）並不同音。據甲骨、金文，人（[illegible]）、仁（[illegible]、[illegible]）、夷（[illegible]、[illegible]）字形也有別。

四十五、「又考夷與『尾』古音同（尾當讀yǐ）」（327頁）

案：尾之古音（明紐微韻）與夷之古音（余紐脂韻）並不相同。尾古音不讀yǐ，此爲現代某些方言區的讀法。因爲夷之今音讀yí，就據方音斷尾之古音爲 yǐ，而欲證兩者古音相同，並名之爲「考」，豈不失之太遠？參見第二十二條。

何氏「因聲求義」或聲訓之誤歸納起來大致如下：

1.以現代音（普通話或方音）臆斷上古音。

2.以中古者（音韻學稱「今音」）證上古音（音韻學稱「古音」）相通。

3.古音不同部誤斷爲疊韻。

4.古音有別誤斷爲古音同。

5.誤定聲符以證古音相通。

6.誤引文獻以證上古音讀。

7.以私意亂定古讀。

8.誤用音韻學術語。

9.亂用連續、合音或緩讀。

10.用漢語拼音標注古音。

王力在《雙聲疊韻的應用及其流弊》一文中說到：「通假的路越寬，越近於胡猜。試把最常用的二三千字捻成紙團，放在碗裡搞亂了，隨便拈出兩個字來，大約每十次總有五、六次遇著雙聲疊韻，或古雙聲、旁紐雙聲、旁轉、對轉。拿這種偶然的現象去證明歷史上的事實，這是多麼危險的事！」比懂古音學濫用通轉更加危險的事情，是不懂古音或一知半解的人把音轉聲通當作從語言學上考證古代歷史和古代文化的法寶。其《新證》、《新探》可以層出不窮，但除了穿鑿附會，曲解文獻以外，於古代文化研究有害而無益。

一九八八年五月於南京薩家灣小樓三色齋

（原刊於《揚子青年語言學論稿》1988年創刊號）

評文史研究中的古音僞證

提要

「因聲求義」是傳統文獻闡釋學的基本方法。一些未曾掌握古音學知識和因聲求義方法的學者卻誤用或濫用所謂「音訓」，致使「因聲求義」成爲一些錯誤或荒唐結論的僞證。本文針對聞一多《詩經新義》、《天問釋天》等文中的考證，針對何光岳《東夷源流史・苦方、苦夷的來源和遷徙》和戴淮清《漢語音轉學》中的觀點和方法進行剖析和批評，以期文史研究界引起重視。

一

聲訓起源於先秦而盛行於兩漢。東漢劉熙《釋名》以之推求「得名之由」，開中國語源學研究之先河。宋人王聖美「右文說」、王觀國「字母說」注重從聲符入手證發語義。元初戴侗已言「因聲以求義」。明末黃生《義府》、方以智《通雅》亦多用此法，然昧於古音難成系統。迨有清一代，古音學昌明，戴震力倡「訓詁音聲相爲表裡」，遂由漢宋舊學發展爲「因聲求義說」，其弟子段玉裁、王念孫繼以專著。尤以王念孫、王引之父子「不拘形體，以聲音通訓詁」，於古語古義多所闡發，然濫用聲音亦始於此。郝懿行昧於古音，所撰《爾雅義疏》一聲之轉多誤。俞樾則氾濫更甚，其後遂有「黃」、「紅」同聲，「莊周」即「楊朱」之說。

離開確鑿的語言文獻佐證，僅據聲音妄加臆測，勢必多生謬誤。難怪有人把「同音」、「音近」比做「小學家殺人的刀子」或「犯罪的凶器」。近來語言文字學家已多所謹慎，但有些非小學家者，尤其是一些年輕文史家，卻在大膽放手使用。缺乏漢語音韻學和訓詁學常識的人反而在一本正經地大談「清季樸學方法的現代性」與「音訓的唯一性」①，不由得使人瞠目結舌，頗有「知者不能，能者不知」之嘆。

二

近人聞一多三十年代研究《詩經》、《楚辭》等②，多倡新說，影響頗大，但其中不無瑕疵。聞氏考《詩經·芣苡》，認為陸機「誤解宜子為宜生子。不知芣胚并『不』之孳乳字，苡胎并『以』之孳乳字，『芣苡』之音近『胚胎』，故古人根據類似律聲音類近之魔術觀念，以為食芣苡即能受胎而生子。」但未能從語言文字上詳加證明，今續為推闡，以究其源。

芣，從艸，不聲；胚，從肉，不聲。不、丕古同音同源。《說文》解釋「不」為「鳥飛上翔不下來也」，是望形推義。《詩經·常棣》：「常棣之華，鄂不韡韡」。「鄂不」即花蒂。「鄂」本字作「萼」。「不」字在商周文字中是花蒂的形象，甲骨文作[illegible]、[illegible]，西周作[illegible]，戰國作[illegible]。「丕」西周作[illegible]，戰國作[illegible]。二者古同字。表示花萼的「不」字。借去用為否定詞，其後起字為「柎」。《山海經》郭璞注：「今江東人呼草木子房為柎，音府。一曰，花下鄂。」古人以開花結籽的草木之花朵象徵女陰，為生殖崇拜的一種方式。因此「芣」、「胚」取象原形相同，語源相同，而文字諧聲又相同。

「苡」（或作苢），從艸，以聲（篆文作[illegible]，隸定作[illegible]）。

「胎」，從肉，台聲。台（ ），從口，㠯聲，即胎字初文。兩字皆得聲於「以」。《說文》釋「以」從反巳。《說文》釋「巳」爲蛇之象形，亦據形猜義。陸宗達根據「包」字，證「巳」之本義。《說文》：包，「妊也，像人懷妊；巳在中，像子未成形。」胎兒叫巳，新生兒叫子，子與巳也是一語之孳乳。甲骨文中有 、 二形，用爲十二支，則以子代巳。《廣雅・釋言》：「子、巳，似也」，以子、巳同音互訓。「似」即「嗣」字，《詩經・斯干》：「似續妣祖」。毛傳：「似，嗣也。」鄭箋：「似讀如巳午之巳。」「巳」爲未成形胎兒，「以」爲「巳」之反文，其義相同。由此可知，「苡」、「胎」取象相同，語源相同，而文字諧聲又相同。人之懷孕之始（始與胎也同源）叫「胚胎」，多籽草木之花因而也叫「芣苡」，又稱車前。《毛傳》：「宜懷任焉。」古人以爲「其實如李，食子宜子」，倒不是「魔術觀念」，而是隱含著古人以車前爲女陰象徵物，盼望蕃衍多子的生殖崇拜觀念。

聞一多《天問釋天》中考證「闕利維何，而顧菟在腹」之「顧菟」爲「蟾蜍」之異名，取證十一項。現將其音證羅列如次：

1.顧（見魚*ka）菟（透魚*tha）與籧（群魚*gǐa）篨（定魚*dǐa）音亦同。

2.顧菟與居（見魚*kǐa）蠩（定魚*dǐa）音亦同。

3.蟾蜍謂之蝌（見覺*kǐə̌ uk）鼀（清屋*tshǐwǒk），蝌與顧音近，鼀與菟僅舌上音與舌尖音之別。嘉案，說誤，「鼀」爲舌尖音，「菟」爲舌頭音，是舌尖與舌頭音之別。

4.鼀與顧音同。嘉案：二者古音差別較大。

5.屈（溪物*khǐwət）與顧音亦同，造（從幽*dzəu或清幽*tshəu）與菟亦舌上變舌尖，是顧菟與造屈亦一語之轉。嘉案：說誤，屈與顧古音不同；造與菟是舌尖與舌頭音之別，古音差別較大。

6.鼓（見魚*ka）造即屈造。

7.蝌、鼃、屈、鼓與顧爲雙聲，韻或同或近，鼃、蠅、造與菟爲舌上變舌尖，皆聲之轉。嘉案：鼃與顧非雙聲；顧僅與鼓韻同，與其他並不相近。

8.科（溪歌*khua）、活（匣月*ɣuǎt）與顧雙聲也，斗（端侯*to）、東（端東*toŋ）與菟亦雙聲也。嘉案：活與顧準雙聲。

9.蛤之音值爲kâp緩言之，其音微變即爲蝦蟆katma矣。嘉案：蛤之上古音爲見緝*kəp， kâp爲高本漢所擬中古音。蝦蟆古音分別爲匣魚與明魚*ɣea mea。

10.蝦蟆，一曰螫（見耕*kǐeŋ）蟆，一曰鼃（影支*ue）黽（明陽*meaŋ），一曰耿（見耕　*keŋ）黽，一曰胡（匣魚*ɣa）蜢（明陽*meaŋ），一曰去（溪魚*khǐɑ）蚥（幫魚*piwɑ），一曰去蚊（明文*mǐwən），一曰去甫（幫魚*pǐwa），此皆蛤音之變。而「蚥」「甫」二字皆收P，讀與「蛤」之音尤近。嘉案：蟆與黽僅韻尾差別，可陰陽對轉；螫與耿音同而介音微別；因此螫蟆與耿黽爲一語之轉。鼃、黽相連爲同義複詞。胡蜢之胡爲大義，即大蜢。以上幾個詞，實指一物，去蚊之「蚊」顯然爲「蚥」之形誤。去甫與去蚥音全同，甫爲借字而蚥爲本字。「蚥」「甫」以P爲聲母，是發音，而不是收音，與「蛤」之音不近。將聲母P與收音塞尾相混，屬基本常識疏漏。

聞一多所考結論姑且不論，但其「以音證義、因聲求義」的過程之中缺失頗多。因此儘管郭沫若吹捧「我敢於相信，他的發現實在是確鑿不易的」，但聞一多本人後來卻在《天問疏證》中，推翻了這「確鑿不易」的結論。他說：「顧疑當讀爲踞，月中有踞菟，蓋猶日中有踆鳥。」踞（見魚*kǐa）與顧（見魚*ka）音同，其區別在介音。以「日中有踆鳥」的神話參對，與「月中有踞菟」相應。因此，破「顧」爲「踞」，較爲可信。聞一多起初在《釋天》中，以語音兜圈子，使月亮中的兔子變成了蟾蜍，最終恍然大悟，不必捨近求遠，兔子終究還是兔子。但是，聞一多舊說「顧菟即蟾蜍」，至今還有人盲目加以引用。③可見，文化史家不宜輕率立說，以免誤說流傳；而後人引用前說，更不應爲權威所惑，須重新鑒別，力戒一味盲從，以訛傳訛。

聞一多在《詩新台鴻字說》中對「魚網之設，鴻則離之」的「鴻」加以考證，得出即《廣雅》「苦蠪，蛤蟆也」的結論。他認爲鴻之最初語根爲工（顏師古注「瑪，古瑪字」），古當讀kung；他利用林語堂古有複輔音說，推定讀音爲klung，再由單音變爲雙音khulung，即苦蠪；並推測其演變過程如下：

kung ＞ hung

klung＞khulung＞khunglung＞鴻（古音）鴻（今音）

lung

聞一多之說若能成立，並不全依據上述音證，而是《易林》曰：「設罟捕魚，反得居諸。」居諸即籧篨，即蟾蜍。聞一多之考據結論，核於文獻，信而有徵。但其詞音結構演變過程卻有可商之處。上古音中「鴻」是匣東*ɣoŋ，「苦」是溪魚*khɑ，「蠪」是來東*loŋ。根據L．沙加爾南島語與漢語同源說，則原始華夏漢語單詞音節結構可能爲雙音節。漢語語詞音節結構是由雙音節結構演變爲單音節結構，而不是相反。

聞一多精於文學，對古文字用力也頗多，但疏於音韻（這與當時古音研究水平也有一定關係），故所立新說，或論證不足，或音證有誤。

三

如果說聞一多因聲求義中的缺失當屬掩瑜之瑕，以聲說義尚有節制，那麼在當代的一些文史研究考據中則到了白雲蒼狗、指鹿爲馬的以聲說義的「災難」地步。

何光岳研究中華民族源流史，著有《東夷源流史》等，④或以爲「在研究方法上則以歷史地理、考古、古文字、古聲韻與歷史相結合，突破了往昔民族史研究的局限，從而提出了不少眞知灼見，駁正了舊說和文獻記載的一些錯誤。」然而，據我所看，十分遺憾，由於濫用同音，方法論上的根本錯誤導致了許多新的誤說。

以下僅就《苦方、苦夷的來源和遷徙》（以下省稱爲《苦方》）一章加以剖析。

㈠《苦方》的論述企圖證明：凡與「苦（古）」音同、音近的詞都與苦族人生活習慣有關。

文中認爲：苦方，又作古。以瓠瓜爲主食。「古」字乃如成熟老足了的瓠瓜。瓠瓜開花（華）多則結實多，故古人出於華。胡人則係以肉和瓠同煮之意，對老人調養身體是有好處的，故古又衍生爲胡、鬍鬚。華胡一家，源遠流長。葫蘆肉很苦，衍生爲苦。木幹槁如葫蘆殼叫枯；祈福爲祜；訓話叫詁；自恃爲怙；久病爲痼；結繩成網爲罟；傍水爲沽；有罪受刑爲辜。以上各詞義，應係苦人的生活習慣和對事物的稱呼而產生出來的。古人又作姑，以女旁標誌母系社會的遺迹尙存，以後姑衍生爲姑舅、姑娘、姑奶奶……姑息等等。又古人居住之處則爲「固」。晉南古方言叫盐爲鹽，這大概與苦方人首先在盐池煮盐、曬盐，便以其部落名來命名食盐有關。苦人擅長作蛊，故蛊音爲古（疑字可作蛊）。

樺、梏同音義，爲苦人之神樹。至今庫頁島上樺樹林遍生，樺木、樺皮成爲苦夷生活中不可缺少的東西。

事物的命名是個複雜的過程，要證明這些語詞之間同源，必須有多方面的證據，首先要有文獻書證。由於《苦方》中濫用音同音近，則「苦」、「華」、「胡」同源。從古之字，都成了苦人所創造的語詞，以至於使人產生疑問：難道「苦方」只是一個會發「咕咕」的部族，豈不成了「布谷鳥」？很難想像，只會「咕」的語言是種什麼語言。

㈡《苦方》的論述企圖證明：凡與「苦」相同、相近的音節的地名都是苦族人四處遷徙的住處。

文中認爲：晉南有古山、古水，即爲苦人之發源地。河南有苦縣、固陵，即爲苦人東遷的居住地。山東有姑尤，成爲苦人一支遷往山東的證據，而後又沿渤海灣北遷，經沽河、塘沽、北古口、古城等到東北，直至庫頁島。庫頁即苦夷，苦人之一族。宿縣有古饒集，常熟有古里村，上杭有古田汎，福建有古田縣，以之證明苦人一支遷往東南，融入越族。四川古代有果州，建有果國，緬甸有庇古王國，又成了苦人經四川入雲南，直至緬甸稱王的證據。南遷中路一支由湖北、湖南至兩廣，再至越南。

如若還不信，作者列舉了約550個含「古、枯、果、高、怙」的地名，如古王、果利、姑豆、枯壇、高立、怙意等。據此認定凡此都是古人生活過的地區。可謂從「古」地名，一網打進，但殊不知還有「古巴」、「剛果」、「高加索」……。

民族學的研究告訴人們，上古時代長江以南是楚人與越人的居住地域，這一地區的語言的後裔就是現在的壯侗語。徐松石在《古字的研究》中曾指出，含「古」的地名主要集中在兩廣地區，並以爲古字與個字（如個舊）同，或譯爲果、高、歌、姑、過等漢字音節。據研究，這些地名冠首字也見於秦漢時代的吳越地區，如于越、句容、姑蘇、烏程、夫椒、餘杭、無錫。這些冠首字在古代也見於吳越國王的名字，如句吳、句踐、余善、夫差、無疆等。顏師古注《漢書·地理志》曰：「句，音鈎。夷俗語之發聲也，亦猶越爲于越也。」

這些並不表實義的發聲音節，在《苦方》作者筆下統統成了作者追尋苦人南遷遺迹的證據。並且以爲「僮人稱我爲姑。與古音亦頗相近，如郡匀、新會的古兜山，就是『我到山』的意思」。作者將「古」釋爲「我」，「兜」釋爲「到」，「山」還是「山」，成了一句洋涇濱。其失誤所在，就是缺少語言學方面的一般常識。以「古」音無所不通，撇開文獻證據，苦人足迹則無所不至。

㈢《苦方》的論述還企圖證明：凡與「苦」音同、音近的族名都是苦人的後裔。

文中依據前面地名考，相應的是東北有「窟說部」，窟音與苦音同，即今之庫頁。窟說乃由山東遷到此地的苦夷之轉音。苦夷土語爲庫野語，庫野即苦夷之轉音。古人由晉南北遷，經河套直至貝加爾湖，成爲丁零族之屬。丁零中有烏護，即烏古、烏古斯，急讀爲古，當爲苦人之苗裔。烏護又有烏紇、回紇、回鶻、畏吾爾等名稱。回鶻汗國崩潰後，一支南遷至甘州河西成爲裕固族；一支遷到西州，後裔成爲維吾爾族；一支西遷直至中亞，到里海和伏爾加河下游，爲烏古斯族，建立塞爾柱克王朝，成爲土庫曼族、阿塞拜疆人的主幹。根據這些民族都源於「苦人」的判斷，作者進一步認爲土庫曼意即「我爲突厥人」，因庫與苦音同。阿塞拜疆首都巴庫，意即「苦人」。有人講庫卡辛方言，即苦人的古老語言。阿塞拜疆的西北部高加索山區，分布著庫慕克族，意爲「苦家」。南鄰的庫爾德族，分布於現代伊朗、伊拉克等國相鄰之處。又烏古斯族一支由里海經伏爾加河遷到拉脫維亞西部，成為庫爾什族，意亦為「苦人」。波羅的海中的果特蘭島，又作古特蘭島，意為「苦人部落之地」。伏爾加河西的庫茲涅次克和外高加索的庫班河，當與烏古斯人居住有關。又阿富汗的古爾人，也是烏古斯人與東波斯人聯合的後裔，建立過古爾王國等，並在印度統治四百餘年。作者還認為蒙古「庫倫」（烏蘭巴托）與苦人居住的土城「固」音同。居住於此的烏古斯一支又北遷至西伯利亞勒拿河中游，稱為雅庫特人，其意為「阿苦部」。

民族遷徙、民族融合，在歷史上是正常現象。但是這種流徙混合，必須以文獻記載為證據。當然，有些遷徙並不見文獻記載，然必須另有確鑿證據。然而，作者撇開文獻，推翻西洋史學家的一些結論，僅以「苦」音貫通一切，這怎麼能稱之為嚴肅的學術研究呢？

語言中的音節是有限的，像ka這樣一個常用音節，出現在不同語言、不同時代的地名、族名中並不奇怪。研究者並不了解「古」、「苦」在上古漢語中分別讀*ka與*kha，與域外族名、地名並不同音。土庫曼為Turkmens或Turkomans，庫慕克為Kumuks或Kumyks，庫爾德為Kurds，庫爾什為Kurshis，俄羅斯文獻中為Kors與Kars其中 Ko、ku、ka與*kɑ並不音同，漢語中的「古」讀ku已是中古時音。由於漫無邊際的、不加制約的串聯與「苦」音同音近的名稱，以致出現了一個「東到庫頁島，南到越南，西至拉脫維亞，北至勒拿河中游」的苦人「巨族」。我們不了解殷商時晉南苦方有多少人口，但像這樣到處遷徙，其繁衍能力有多強？流播到各地，每一處又能留下幾人？

四

加拿大籍華人戴淮清著有《漢語音轉學》⑤一書，以「音轉」辨義並考證地名。作者讀過章黃音韻學方面的書，但持保留態度。關於黃侃所論「古音通轉之理，……以雙聲疊韻二理可賅括無餘也。」作者認爲黃侃說大話。後來又認爲黃侃說得有理，雙聲疊韻俱以音聲爲重，而字之偏旁與建首則看重字形，在音轉學上，雙聲疊韻之科學價值當比偏旁建首爲大。又認爲自己「發現之音轉形態實極複雜，不單限於『陰陽』對轉而已。『對轉』本身亦有許多變化。」作者只知黃侃所言「音理」，不知還有「音證」、「音史」之說，而且對音理也並非明瞭。古音通轉之理，僅爲語詞音轉提供了解釋根據。清人多言「一聲之轉」，但「聲」並非等同現代術語「聲母」，而是指音節，或音節中的聲紐、韻頭、韻腹與韻尾。因此，作者所言「彼等（指前人研究——筆者注）所能矚見者多爲聲之變化，反而看不見變化多端之韻轉」，實屬不諳傳統音韻學。作者又認爲「彼等多未覺察變化最多者爲語尾加n或加ng而起變化之字」。所說語尾即韻尾，清儒陰陽對轉之論，即指無韻尾之陰聲與有韻尾之陽聲可以變轉，如魚*ɑ＜鐸*ɑk＜*ɑŋ。

作者以爲「只能用今音（北京音）爲主要線索，輔以方言，進而猜測古音。」似乎全然不清楚傳統上古音研究與中古音研究，不了解現代音韻學對古音的構擬。以至於還認爲「在音轉學尚未搞通以前，無法搞通古音問題。余並相信，古音之時地問題當非本世紀所能解決者。請問先秦時代之學者如何讀詩書？唐宋之人又如何讀詩書？今有少數學者迷信古音問題已大部解決。余則大不以爲然。余認爲判定古音之最好方法是上溯，以音轉線索爲引，數百年後或可大致測定某時某地之人如何讀詩書。」作者不知音轉當以古音分部爲基礎，反而本末倒置。又不了解據文獻語言與現代語言重建的古音，只是一個有用的抽象物，並不是錄音或放音。儘管作者對幾百年來的古音研究採取不承認主義，但永遠也不可能將古音研究變成「大致測定某時某地之人如何讀書」的古音還原術。

作者甚至對國際音標也沒有搞清，認爲：「『知』字可讀如j，亦可讀如d，因此，j聲可以dj注音。《牛津大學字典》用dz注j聲。此種複符對於音轉之研究最爲有用，可一目了然j聲原由d加　z變來，j減去z聲則爲d，其公式爲：j=dz；j−z=d……。」j爲國語羅馬字，在「知」中讀〔tʂ〕；閩南音存古音有舌頭無舌上，因此「知」仍讀舌頭〔t〕。在北方話中，舌頭音轉變爲舌上與齒頭音的過程是：

〔ts〕（梗攝入聲二等字）

〔t〕<〔t〕

〔tʂ〕（其餘大部分）

作者不明此歷史音變，而欲依「知」在今方言中的不同讀法合成一音dj（若用國際音標則是〔t+tʂ〕，這個音不僅不存在於歷史語音中，而且也不是今方言中不同讀法的來源。作者還誤以爲複符（兩個符號）即表示兩個音素，殊不知作爲國際音標的dz是一個塞擦音音素，吳縣郊區今音中仍有這個音。至於《牛津》則可能是用兩個字母表示一個英語中沒有的音素（英語有dʒ，無dz），並非d+z。一些音韻學家設想中國古代有複輔音（但這與戴淮清先生所言複符不同），後代變爲單輔音：如：

<〔k〕（客、格）

〔kl〕

<〔l〕（洛、駱）

接著來看《其他地名考》中作者對《尚書・堯典》四個詞的

考證。

1.「訛」亦作「僞」與「譌」，即「爲」也，均從w聲，客話則從v聲。越之古音或爲Wat，今越南之拼音爲Viet　Nam，故「南訛」即越南。嘉案：訛與譌異文，同一個詞；從「爲」之字古音同「爲」；爲（匣歌*ɣiwa）與越（匣月*ɣiwǎt）古音僅韻尾有別，便可通轉，不必假道今音w/v。

2.「東作」之「作」從j音，而日本Japan亦從j音。嘉案：「作」古音（精鐸*tsǎk）不是j（tɕ或tʂ）。Japan爲日本國名英譯，J音dʒ。

3.「西成」乃「西戎」的誤寫。嘉案：字形相近，可能混淆，但須證明。

4.「朔易」即是「北狄」，易從i音，加d則爲狄。嘉案：狄（定錫*dǐěk）與易（余錫* ʎǐek）古音近同。曾運乾《喻母古讀考》中說：「古音易如狄」，並證「喻四歸定」說。作者以今音「易」i，加d爲「狄」，豈不「歪打正著」？

傳統注解中，「東作」爲太陽東升，「南訛」爲太陽南移，「西成」爲太陽西行，「朔易」爲太陽北轉。據作者今證，似乎「南訛」爲「南越」，「朔易」爲「北狄」，其音可通，但此處傳統注解卻不能更改。爲什麼？訓解古籍，基本要求之一是依據上下文。《堯典》此節中已有四方地名「嵎夷」、「南交」、「昧谷」與「朔方」。如「申命羲叔，宅南交，曰明都，平秩南訛」。意爲：「命令羲叔，居住在南交，此地叫明都，於此觀察太陽南移。」豈會在交待地名「南交」（交州地名由此而來）之後，又重複一遍？

該書作者既對音轉感興趣，然又無暇去弄通古音學與現代音韻學的基本常識，並掌握工具書的使用，而作「乘太空船遨遊太虛」式的雜記，自我感覺「柳暗花明又一村，於是愈走愈遠。視野越來越大，所見之音轉範圍比章太炎先生所知者大得不知凡幾，自己亦感驚愕」。作者不知濫用音轉之詬病，不知聲訓乃「小學家犯罪之工具」，辛勤用功竟至於如此，誠爲可嘆！

運用古音以求古義，也可稱之爲一場「音韻遊戲」。但正如所有的遊戲都有相應的規則，「因聲求義」的規則不去掌握或不願遵循，這「遊戲」又怎麼進行呢？至於在文化研究中如何運用古音以求古義，我在《論文化研究中的音韻導入》一文中已經詳加推闡。

【註　釋】

① 見何新《試論清季樸學方法的現代性》，載《語文導報》1987年11、12期。對於何新所撰《諸神的起源》一書中濫用音訓之錯誤加以批評的文章，分別見於《中國語文》、《古漢語研究》、《漢字文化》等。

② 聞一多撰有《詩經新義》（1937年）、《詩經通義》（1935—1937年）、《詩新台鴻字說》（1937年）和《天問釋天》（1936年）等。

③ 見趙國華《生殖崇拜文化論》206頁，中國社會科學出版社1990年。

④ 何光岳《東夷源流史》，江西教育出版社1990年。

⑤ 戴淮清《漢語音轉學》，1974年新加坡猛虎出版社初版；後改名爲《中國語音轉化》在臺灣出版；又以刪節本於1986年由中國友誼出版公司出大陸版。

一九九四年冬於古南都北東瓜市

（原刊於《南京師大學報》1996年4期；人民大學書報資料中心《語言文字學》1997年2期轉載）

論文化研究中的音韻導入

八十年代，中國大陸掀起一股「文化熱」，或試圖以西方的文化學方法來剖析中國傳統文化，或試圖以中國的國學傳統方法來彌合西學東漸以來形成的中國近現代文化斷層，或把眼光放在對中國古代神話的重新闡釋上，或專注於挖掘國民性以尋找誤入歧途的解脫辦法。凡此種種研究，都離不開對傳統文化典籍的釋讀。然而，非常遺憾，一些名噪一時的「宏論」，往往因爲缺少扎實的文獻根柢，而成爲皮相之見。①這一切表明，文化研究中亟待語言導入，尤其是音韻導入。

如果說研究古文化，必須先讀通古文獻，如果說讀通古文獻，理解古代語義，必須依賴中國古代文獻闡釋學——訓詁學，那麼這門學科中最基本的或最精妙的訓詁方法——因聲求義法：作爲原理它的賴以成立之基礎，作爲學說它的產生和發展之源流，作爲工具它的應用以及限制，這一系列問題，就不能不引起從事語言學研究或文化史研究的人們的興趣和關注。

一、先秦漢語的歷史文化背景及其特徵

原始華夏漢語的形成與原始華夏族的形成相一致。原始華夏族由夷越、氐羌、胡狄經過多次衝突融合而成，與之同時，原始華夏語也由夷越、氐羌、胡狄語混合而成。原始漢字爲殷商人所創，他們的語言是夷越系（與原始南島語同源），因此在甲骨文中所體現的是夷越語言特質。姬周的語言是氐羌系（與原始藏緬

語同源），統治中原地區八百年，對古代華夏漢語的形成起了巨大作用。而我們今天所看到的上古典籍，如《詩》、《易》、《書》等都是在這一時期出現而對前代記載加以整理而成的。

先秦漢語的特徵之一是整合性。儘管由於漢字不是拼音文字，因而掩蓋了古代漢語的語音分歧，但是，還是可以通過比較來發現古代漢語的混合性質。「江」與「河」的名稱，大致以長江為界，北方叫「河」，如黃河、渦河、淮河、衛河、滹沱河、灤河、遼河等；而南方叫「江」，如長江、錢塘江、贛江、湘江、閩江、珠江、建甌江等。「江」的古音*kroŋ與泰語〔kloŋ〕同源，而「河」的古音*ɣal與蒙古語〔ɣool〕同源。「河」，原先是黃河的專名，甲骨文中已見，因中原地處河洛，故出現較早。「江」為長江之專名，甲骨文中未見，說明當時華夏族活動範圍未涉長江一帶。春秋金文中始有「江」，至《詩經》已屢次出現，表明中原華夏文化逐步向南滲透。至於東北「黑龍江」、「嫩江」稱「江」，則是很晚以後的事了。②

漢語的整合性不但在先秦如此，先秦以後的漢語仍然處於不斷地推移、擴散、融合之中。歷史上的一次次動亂，北方游牧民族的一次次入主中原，迫使中原漢人一次次南遷。據研究，游牧民族與農耕民族的衝突是從上古到中古帶有世界性的普遍現象。處於河套、大漠之間的匈奴、突厥、鮮卑、氐羌、女眞、蒙古等族，以放牧為生。但草原的牧草生長有豐年與歉年之別，每逢牧草歉收，牧民食不果腹，就騎馬南下掠奪。正是由於這種與牧草豐、歉有關引起的軍事行動，有人把游牧民族的南侵比作定期氾濫的潮水。北方民族入主中原後，隨著與漢人同化，使北方中原漢語出現了新的混合；而南遷漢語，在長江以南地區也與當地語言混合，致使漢語呈現出「北雜夷虜，南浸吳越」的整合現象。

先秦漢語的另一特點是異質性。橋本萬太郎認爲：「我們今天能看到的古代語言資料，便是綜合了那些異質的語言要素而確立起來的書面語；本來是方言或語言的差別，在這種書面語裡卻被攪在一起了。」③以混合方式形成且發展的語言，越往前追溯，異質性越大。相傳黃帝時中原有萬國，夏代有三千，周初分封八百。不難想像，每個民族或部落都可能有自己的語言或方（邦）言。秦漢統一前的黃河流域，語言和方言也必然十分複雜。

㈠諸夏語言與非諸夏語言不同。《禮記》：「五方之民，言語不通。」《左傳》：「我諸戎飲食衣服不與華同，……言語不達。」《孟子》：「今也南蠻鴃舌之人」，「齊東野人之語也」。春秋時，吳人獲衛侯，衛侯歸而效「夷言」。而西漢劉向《說苑》中記載的春秋時代的《越人歌》，與漢語完全不同。由此觀之，在諸夏之外，北有燕、狄，西有戎、巴、蜀，南有楚、吳、越，東有萊夷、淮夷。因此，周朝設立「象胥」這樣的譯官，「掌蠻夷閩貉戎狄之國，使掌傳王之言而諭說焉，以和親之。」

㈡諸夏語言區域內部方言有差異。「夏」是西周王畿一帶的古名。「雅言」即夏言，周室及京城一帶的方言。「諸夏」則是周代早期分封的，與周人同化較早的分布在長江以北與黃、淮之間的邦國。《詩經·國風》中所分邶、鄘、衛、鄭、齊、魏、唐、秦、陳、檜、曹、豳、魯、宋、王（東周）、雅（西周）等。這些方言之間有些不能直接通話。《左傳》中記載，晉人害怕秦人任用本國人士會對晉不利，就派魏人壽余詐降秦國，見機取回士會。秦伯欲取魏降地，壽余說：「請東人之能與夫二三有司言者，吾與之先。」秦便不得不派士會和他先行。這說明了秦魏方言差異較大，通話不便。戰國時代，「諸侯力政，不統于王，……言語異聲，文字異形」。可見，諸夏當時主要表現爲一個政治、文化範疇，而並非這一區域內語言統一。周秦王朝經常派人到民間搜集方言，以供備查。西漢去古未遠，揚雄作《方言》，記通語、方語、古今語。林語堂根據所稱引地名之分合，劃西漢方言爲十三區域，即秦晉、鄭韓周、梁西楚、齊魯、趙魏之西北、魏衛宋、陳鄭之東部、楚之中部、東齊與徐、吳揚越、南楚、西秦與燕代。約而言之，我以爲即八大方言：秦語、晉語、魏語、韓語、齊語、燕語、楚語、吳語（不是後代之吳語，而是江淮之間的逐步漢化的上古吳語，或稱淮語、揚語），也可以說是八種語言。這些語言內部又分各種土語群。由此可見先秦兩漢諸夏地區語言之複雜程度。

㈢諸夏書面語雅言的趨同性。《論語》記載孔子在讀《詩》、《書》及執禮之時，「皆雅言」也。周王室及京都周圍的方言，被奉爲當時的通用書面語雅言，因此《詩經》國風雖採自十八個地區，各地民歌自然用各地方言咏唱。但在編成詩集時，文人可能依據雅言進行加工整理。據說孔子也曾刪《詩》、《書》。孔子對《詩》的刪取，當是以雅言爲標準。因此，諸夏語言的異質性在書面語雅言中又呈現出趨同性，故可以《詩經》押韻歸納上古韻腳系統。

書面語中的趨同性並非能全部掩去實際語言中的差異性，《周易》中有些韻語不韻，顧炎武則以爲是方音爲韻。而《詩經》與《楚辭》使用不同的語氣助詞，則顯示了中原諸夏語言與楚語的差別。秦始皇的書同文能統「文字異形」，並不能合「言語異聲」。漢代經師訓釋經典中用「通語」的同時，也夾雜了不少方言。其語音分歧正如鄭玄所說「人用其鄉，同音異字，同字異音」。

二、秦漢語詞文字的三大基本特徵

㈠語詞多滋生。以古老的基本詞作為源詞，由此直接或間接產生派生詞——即語義學構詞法和語音—形態學構詞法，是上古漢語新詞產生的基本途徑。上古漢語詞彙的這種特點不僅是詞源學的研究對象，而且是古語古義能夠據音闡釋的基本依據。

自覺地探求語源始自東漢劉熙「義類說」，他認為「名之與實，各有義類」。宋人王聖美「右文說」以為「其類在左，其義在右」。王觀國「字母說」與戴侗「六書推類」以聲符董理詞族。清人王念孫《廣雅疏證》多隨文注釋，探尋語詞滋乳。

清代詞源學不僅推源系族，而且試圖從「名」的發生角度揭示語詞滋生的緣由。程瑤田說：「聲隨形命，字依聲立；屢變其物而不易其名，屢易其文而弗離其聲。」王念孫說：「凡事理之相近者，其名即相同，」「凡物之異類而同名者，其命名之意皆近。」王茂才說：「古人命名不嫌相假，或因其色同，或取其象類。」近人王國維認為：「凡雅俗古今之名，同類之異名與異類之同名，其音與義往往相關。」

對初民命名研究前人有所探索，但至今尚未有系統成果。陸宗達、王寧在《訓詁方法論》中分析了詞義的引申類型。從語義學角度觀察是引申，從命名學角度審視是滋生造詞。舉例如下：⑴因果關係，分解肢體叫「解」，解而後散則「懈」。⑵動靜關係，自跨之物叫「胯」，自跨之事叫「跨」。⑶施受關係，給予叫「授」，承接叫「受」。⑷反正關係，日在木下叫「杳」，日在木上叫「杲」。⑸同狀關係，划船破浪叫「划」，犁地破土叫「鏵」。⑹禮俗關係，吉祥之禮物為「鹿皮」，吉慶叫「祿」。王力《同源字論》、任繼昉《漢語語源學》中都有一些探討，可資參考。

我曾試圖從初民命名方式、認知發展及文字製定幾方面解釋同族詞產生的具體歷史過程。事物的屬性有本質與非本質之別，特徵有隱性和顯性之分。在未曾認識到本質屬性之前，人們往往從非本質屬性入手，尤其是事物的外部顯性特徵常常給接觸者留下深刻的印象。古人把握住事物的顯性特徵，並將之從該事物中抽象出來，就形成了個別特徵認識。這種個別認識表現爲語言中的語根。

形象思維占較大優勢的古人，通過聯想類比，形成某些依據外部顯性特徵聚合的「事類」。儘管這些事類範疇中的成員之間，根據現代科學系統分類看來毫無聯繫，但日常生活語言中的事類與科學分類並不一致。初民很自然地將木之曲，肉之曲，脊之曲皆稱之爲「句」，由此產生出一組同攝於「kəu·彎曲」之下的同源詞。由於文字要求一定的區分度，這些同源詞先後加上代表所屬類別的偏旁，而成爲枸、朐、佝這樣一組含共同聲符的同族字。④

㈡語音多通轉。揚雄搜集方言和古語時發現了一些同義音近詞，提出了轉語說。其後郭璞注《方言》也運用了這一觀點。至戴震欲作專著《轉語》，由個別語詞之間的語音變轉，發展到根據語音原理提出通轉條例。根據現代語言學的觀點，音轉包括三種情況：1.方言之轉；2.歷時之轉；3.分化之轉。

在共時階段，甲方言與乙方言之間，通語（以某種方言爲基礎）與方言之間，某一語詞的語音變轉爲方言之轉。比如《方言》：「鍇、鐫，堅也。自關而西秦晉之間曰鍇，吳揚江淮之間曰鐫。」「堅」（見眞*kǐen）是通語，與秦晉語「鍇」（溪脂*khei）聲紐是旁紐，韻母是對轉；與吳揚語「鐫」（見脂*kei）韻母是對轉。而秦語與吳語之間是同韻母、聲旁紐。當甲方言同化乙方言，或乙方言向甲方言借詞的時候，會出現用乙方言音系中的語音結構改讀源於甲方言的被借詞的現象。這就導致同一個詞語在不同方言區有了不同的但對應的一組語音結構形式。這從詞彙學來看是轉語，而從音韻學來看是通轉。

語音的古今差別即爲歷時變化。上古時代長達千餘年，古音中也有較早與較晚之差別。《詩經》用韻與諧聲偏旁發生矛盾，則表明詩經音系與早於它的諧聲音系有了語音變轉。《六月》中「顒」與「公」相押，「顒」從禺（侯部）聲而入東部是東侯對轉。《隰桑》以「沃」、「樂」相押，「沃」從夭（宵部）而入藥部是宵藥對轉。歷時音變可分爲自身變與交錯變。某一音系內的古今之異是自身變，不是同一音系的古今之異是交錯變。

分化之轉是指同一音系內源詞與滋生詞之間的語音差異。氣味之總名爲「臭」（曉幽*xi̮ǎu），動作之「嗅」（昌幽*ȶhi̮ǎu）是從「臭」中分化出來的，二者是聲紐變轉。

如果排除分化之轉，所謂語音通轉其實就是不同音系之間的語音對應關係，這些共時方言變轉、歷時自變與交錯變化混雜在文獻之中殊難區別，如果以一套音系去加以解釋，則產生了「無所不通，無所不轉」的泛時變轉狀況，戴震的轉語原理就是企圖爲古今邦國語詞的變轉設置一個泛時超域音系，雖有不足，但便於操作。利用這種對應關係或音轉條例，就可以解釋古代文獻中的一物數名或一詞數形的現象，溝通那些形體不同、語音有別而語義相同的書面文獻符號。

㈢用字多通假。甲骨文按形體構造有象形、指事、會意、形聲之別，但在具體使用中，則大量假借，用其所記音節。假借可分爲造字假借與用字假借。「本無其事，以聲托事」是造字假借，又可分爲引申借用與同音借用。前者如發令叫「令」，發令之人也叫「令」。語詞引申與借用一致，這是以不造爲造的方式。後者如畚箕之「其」，用爲虛詞「其」。「本有其字，以聲托事」是用字假借，亦稱爲通假。如諷諫之「諷」作「風」，這是同源通假，有後起分字不用。又如新鮮之「新」，本字作「汛」（用水洗潔），而用析柴之「薪」之本字「新」代替，這是同音通假。

通假字是闡釋古文獻的主要障礙之一。據統計，《尙書》約有170個，《論語》約30多個，《孟子》約60多個。《詩經》裡共出現單字2825個，通假字達500個。從音韻學角度而論，通假字可分爲三類：⑴音同，又有聲旁相同（借畔爲叛）與不同（借蚤爲早）兩種情況。⑵部分音同，又有雙聲（借亡爲無）與疊韻（借信爲伸）兩種情況。⑶音轉通假（借矢爲誓）。通假字在行文者使用時當全爲音同，之所以後人歸納出部分音同與音轉通假，是因爲用一個泛時空音系來衡量的結果。因而，這些通假字的語音情況恰恰反映了古代音系的複雜性。

闡釋古文獻時也要注意由同音假借而連鎖反應出現的古今字。燒之「然」借爲虛詞之「然」，則另造今字「燃」。日落之「莫」借爲虛詞之「莫」，則另造今字「暮」。還有一種因字義分化形成的古今字，「坐下」與「座位」古同用「坐」，後造專表「座位」之「座」。「知」古代既表動作又表形容，後造專表形容的「明智」之「智」。

闡釋古文獻還要注意古同字。其中一類是反映字形未化之前的所謂義通共形。比如「母」與「婦」、「正」與「足」、「月」與「夕」、「吏」與「事」、「立」與「位」。另有一類則是義異形似的古同字。比如甲骨文中的「下」與「入」、「山」與「火」、「內」與「丙」等。

三、因聲求義學說的沿革及其運用

先秦時代就產生了「聲訓」，即以音同音近之詞去解說被釋之詞，多爲哲學家、政治家、倫理學家比附生訓。至漢代此風盛行，尤以《春秋繁露》、《白虎通》以及緯書，多用聲訓闡釋天文、地理、人事、名物、制度等方面詞語，宣揚統治階級意識形態。《釋名》的作者劉熙用聲訓探究「得名之由」。聲訓可視爲因聲求義之濫觴，但與因聲求義還不同。此後近千年少有人問津，至宋代王聖美創右文說，據聲符說義，爲清代「因聲求義」之先聲。「因聲求義」一語始見於宋元之際戴侗所著的《六書通釋》，他說：「訓詁之士，知因文以求義矣。未知因聲以求義也。夫文字之用莫博於諧聲，莫變於假借。因文以求義而不知因聲以求義，吾未見其能盡文字之情也。」但未知當以古音爲據。明末方以智加以發展，提出「欲通古義，先通古音。」清初黃生研究古語古義，多應用「因聲以知意」的原則，並採取「古音近通用」、「一音之轉」的術語，然而昧於古音。只有到了古音學昌明的乾嘉時代，戴震始重新提出「訓詁聲音，相爲表裡」，其弟子段玉裁、王念孫又分別以之貫通《說文》與《廣雅》研究，進一步發展爲「六者互求說」與「引伸觸類，不限形體」，才使因聲求義說最終從理論上和實際應用上得以確立，並引起了訓詁學在古代文獻闡釋方面的一次突進。在古義訓釋方面的價值正如王引之所說：「字之聲同聲近者，經傳往往假借，學者以聲求義，破其假借之字而讀以本字，則渙然冰釋，如其假借之字而強爲之解，則詰籟爲病矣。」

然濫用通假，則弄得音無不通、字無不借，詞語的客觀約定性不復存在，聲音就變成了「小學家殺人的刀子」、「犯罪的凶器」。在神話研究與文化研究中濫用「因聲求義」，則出現了杰克・波德在《中國的古代神話》中所說的情況：「許多中國學者用這種尋求方法，在解釋古代文獻方面創造了奇蹟。但同時，這種方法的濫用，卻使他們得出了完全不可靠的結論。」

作爲一個誠實的文史工作者，如果不想以皮相之見炫耀於世，試圖運用「因聲求義」這一方法就必須先下一番功夫，掌握必要的常識，才能投入研究。

㈠學習音韻知識。很難想像，一個連漢語拼音都懂不周全，國際音標也未知曉的人，竟然可以掌握被人稱之爲「絕學」的漢語音韻學。音韻學又稱「口耳之學」，意謂須當面親授。學習漢語音韻學可從現代漢語語音學與普通語音學入門，進而根據研究領域分別掌握漢語音韻學各部門：古音學、廣韻學（或稱今音學）、等韻學，且要明音史，知音理。利用因聲求義，其關鍵要懂上古音。上古音研究發軔於宋人吳老材、鄭庠及明人陳第，至有清三百年顧、江、戴、段、孔、王而古音學大明。古音體系「前修未密，後出轉精」。晚近學者黃侃的古韻二十八部與古聲十九紐和王力的二十九部與三十三聲母說，這些研究結論都可以作爲「因聲求義」時的古音依據。高本漢、董同龢、李方桂、王力等人構擬的音值可供參考。

㈡檢索音韻專書。作爲非專門研究音韻的文史工作者，在了解音韻常識的基礎上，檢索音韻專書是其基本功之一。第一類是古音直接資料。《說文》是成於漢代的文獻語言學典籍，說解形聲字的「從某聲」反映了漢字的周秦漢音讀，又說解字義多用聲訓，注釋「讀若」之類多能證古讀。《切韻》是綜合魏晉南北朝時古今方國之音而成的一部音節。《廣韻》是據《唐韻》等增廣而成。考周秦古音亦須以《廣韻》爲基礎。專用聲訓釋義探源的《釋名》及漢魏六朝時期的音注材料，比如《經典釋文》，都是考見古代音讀的材料。第二類是清人研究古音的著作。如段玉裁

《六書音韻表》、江有浩《諧聲表》、朱駿聲《說文通訓定聲》、嚴可均《說文聲類》等。第三類是現當代人研究古音的專書。如黃侃《古韻譜稿》、董同和《上古音韻表稿》、沈兼士主編《廣韻音系》。近幾年出版的《上古音手冊》（唐作藩）與《漢字古音手冊》（郭錫良）則較爲方便。清人郝懿行未諳古音，濫用「一聲之轉」，常常在古今語詞之間附會莫須有的語音聯繫。如今有了專門的工具書以供檢索，就可以避免亂用了。

㈢領悟音轉學說。兩字如果古音完全相同或聲符相同，自然可以作爲通假的根據。而對那些語音差別較大，但有其他證據表明通假的情況，則必須掌握音轉學說。

戴震《轉語二十章序》中創立了「聲轉說」：⑴發音部位相同叫「同位」，發音方法相同叫「位同」。⑵同位爲正轉，位同爲變轉。⑶同位則同聲，則可以通乎其義；位同則聲變而同，則其義也可以此而相通。戴氏還提出「韻轉說」：⑴韻轉分「旁轉」與「正轉」。⑵正轉爲三法：轉不出類，相配互轉，連貫遞轉。然其說以《廣韻》爲據，搭配欠缺系統。孔廣森提出「陰陽對轉」：⑴韻腹相同的陰、陽相配，可以對轉。⑵入聲爲陰陽對轉之樞紐。章太炎又提出「古雙聲說」與「成均圖」以說明聲轉與韻轉。近人魏建功又創「音軌說」。傅東華又撰《漢語聲紐轉變之定律》。王力在《同源字論》中也提出音轉說：⑴元音相同而韻位相同者爲「對轉」。⑵元音相近而韻位相同者爲「旁轉」。⑶先旁轉而後對轉者爲「旁對轉」。⑷元音相同而韻尾發音部位不同者爲「通轉」。聲紐相轉有「准雙聲」、「旁紐」、「准旁紐」、「鄰紐」等。

音轉說既順乎音理，又符合訓詁實際。但運用音轉時，研究上古文獻當用上古音，針對中古文獻當用中古音，不能混言「一聲之轉」。要指出具體的音韻地位、擬音及音轉方式。

㈣熟悉考音證義途徑。⑴據聲符考音證義。聲符相同則古音當相同或相近，語源多同。「芣苡」與「胚胎」皆爲多子有關。⑵據聲符替換考音證義。同一個詞有兩個字形，如「逖」字古文作「逷」，可考見「狄」、「易」古音同。因此《山海經》狄山，一曰蜴山。《史記》契母曰簡狄，亦作易。⑶據讀若考音證義。《說文》：「勢，健也，讀若豪。」「豪」之本訓豪豬。《左傳·宣公十二年》：「楚之先人若敖……篳路藍縷以啓山林。」據勢之讀若，可以推斷楚之先祖「若敖」即「酋豪」、「豪傑」之意。⑷據聲訓考音證義。聲訓中的訓釋與被釋詞，語音相同則語義相通。《釋名》：「以丹注面曰旳。旳，灼也。此本天子諸侯群妾當以次進御，其有月事者止而不御，重以口說，故注此丹於面灼然爲識。女史見之，則不書其名於第錄也。」⑸據異文考音證義。異文是指不同文獻記載中用字的差異。《說文》：「堋，喪葬下土也。」《春秋》傳曰：「朝而堋。」《禮》謂之「封」。《周官》謂之「窆」。這表明堋、封、窆三字在典籍中互爲異文，其音往往相同或相近。伏羲又作包羲、宓羲、虙羲等。⑹據異讀考音證義。有些字在古代有幾讀。《說文》：「西，舌貌，讀若三年導服之導；一曰竹上皮，讀若沾；一曰讀若誓。」與「禫」（除服祭也）通假讀若導。指「竹上皮」（《廣雅》：即竹篾席），讀若沾（即添）。「茜」，從西聲，與讀若誓相合，其義「以草補缺」。⑺據非漢語譯音考音證義。利用域外譯音，即非漢語民族借用漢字及其讀音所形成的一種讀音系統，可以考證漢語古音。如日本漢字音（有吳音、漢音、宋音、唐音、新漢音）、朝鮮譯音與越南譯音等。利用非漢語文字拼寫或音譯不同歷史時期的漢語讀音或用漢語譯非漢語文獻，即爲對音，可以之考見不同時期的漢語古音音值。對音資料主要有：梵漢對音，于闐語漢語對音、吐火羅語漢語對音、藏漢對音、蒙漢對音、朝漢對音、滿漢對音等。

利用漢語語詞的古音構擬形式與周邊民族語言的詞音或構擬的原始形式進行比較，也可以考見漢語語詞的語源含義。要在較大的文化歷史背景上研究中國古代文化史，離不開這些考音證義方法。

㈤核證古代文獻語言。古代文獻中語詞同音現象實際上僅僅爲兩大類：一類是義通同音，由同源滋生或同音假借形成；另一類是非義通同音，用有限的音節表達相對無限語義，音同音近自然難免。因此，若要說明某一音義相通現象時，首先必須具備直接的充分證據，再以雙聲疊韻來幫助證明，而決不能以音同、音近、音轉爲唯一的證據。清人謂「例不十，法不立」，當然並不一定要十例，但至少不能孤證。

爲了避免牽強附會，隨心所欲，濫用音轉，在運用「因聲求義」的同時，還要求核證古代文獻語言，做到信而有徵。《詩經》「愛而不見，搔首踟躕」，歷來訓「愛」爲「隱」，即約會的女子躲藏起來，男子看不到她，搔首徘徊。現代有人以「喜愛」釋之。《大雅・烝民》「愛莫助之」，《毛傳》：「愛，隱也。」從異文看，「愛」字或作「僾」、「薆」，而這些字都有「隱」義。《方言》：「掩、翳，薆也。」郭璞注：「謂蔽薆也。」《說文》：「薆，蔽不見也。」《玉篇》：「曖，隱也。」《離騷》：「衆薆然而蔽之。」張衡《南都賦》：「晻暖蓊蔚。」核證於異文、字書及詩賦，可以證明「愛」當訓「隱蔽」。⑤

【註　釋】

① 對於何新《諸神的起源》及有關撰述中亂用聲訓曲爲立說的批評文章分別見於《揚子青年語言學論稿》、《中國語文》、《古漢語研究》和《漢字文化》。

② （日）橋本萬太即《語言地理類型學》（余志鴻譯），北京大學出版社1985年版。

③ 同上。

④ 李葆嘉《「句」字右文說》，載《徐州師範學院學報》1985年二期。

⑤ 陸宗達、王寧《訓詁方法論》，中國社會科學出版社1985年出版。

一九九四年冬天於南京北東瓜市（原刊于《江蘇社會科學》1996年2期）

參與：中國文化語言學的當代意識

——第三屆全國文化語言學研討會述評

1989年8月，首屆全國語言與文化學術研討會在風吹浪湧的海濱之城大連召開；1991年12月，第二屆研討會在洋溢著開放氣息的飄香花城廣州舉行；1994年1月14日至17日，來自14省2市的70多位代表相聚在冰城哈爾濱，出席了在黑龍江大學舉行的第三屆全國文化語言學研討會。

一、會議概況：一片丹心在冰城

本次研討會的發起單位是中國語言文化學會、黑龍江省語言學會、黑龍江大學、哈爾濱師範大學《北方論叢》編輯部和廣州市語言文學學會。

研討會共收到論文50多篇。內容涵蓋漢語的特點、語詞的文化義、漢字構形中的人本主義、語言的跨文化比較、交際文化理論、漢語的象似法、語義分析的自足價值、修辭傳統的人文闡釋、漢語研究範式的歷史演變、漢語的人文型描寫方式、中國文化語言學與西方人類語言學之異同、漢語史研究的理論模式與文化史觀諸問題。無論是研究範圍，還是研究深度，都有了新的開拓和突破。

令人感興趣的是，外語學界和對外漢語教學界的一些專家學者出席了這次會議。他們關注的是語言的跨文化比較和交際文化理論。在對外漢語教學實踐中，語言的文化價值得到高度重視。在詞彙教學中，形式化構詞法不能滿足學生對漢語語詞構造的文化內涵的了解的要求，而從文化構詞法入手可以做到這一點。文化語言學研究中的成果可以直接運用於對外漢語教學中的事實表明，文化語言學是一門立足漢語本質屬性研究漢語並且具有應用價值的學科。

出版界的一些朋友出席了會議。幾年來，文化語言學的興起和發展與編輯們的辛勤勞動、熱心培植分不開。《北方論叢》開闢的文化語言學爭鳴專欄，爲一些針鋒相對的學術觀點之間的相互切磋提供了長達七年的「戰場」。《語文建設》、《漢語學習》等雜誌也爲促進文化語言學的發展貢獻了力量。1991年至1992年吉林教育出版社出版了以討論語言與文化爲主旨的《文化語言學叢書》。由廣東教育出版社列爲重點項目，擬在1995年一次性隆重推出的《中國文化語言學叢書》(8種)，立足於漢語文化本體論，對漢語的文化功能從音韻、詞彙、訓詁、語法、修辭、文字、方言、理論語言學等分支學科展開全面認同性探索。預期這套叢書的出版會在語言學界，乃至海內外文化界引起強烈的反響。由於《北方論叢》給予中國語言學事業的支持與推動，在本次研討會上中國語言文化學會特向《北方論叢》編輯部授榮譽狀，表達了語言學工作者的感激之情。《北方論叢》編輯部表示將一如既往地鼓勵學術爭鳴，爲推動中國語言學的發展再做貢獻。

二、熱門話題：萬紫千紅總是春

在分組討論中，與會者圍繞著下列問題各抒己見，尋求共識。

(一)漢語的單音節性與漢語的特點

李先耕在《漢語的單音孤立性》中指出，古代漢語多數是單音詞，兩個單音詞連用而後凝固才形成合成詞；現代漢語雖然向雙音化發展，但其語素仍以單音節爲主。無論是口語還是書面語，單音詞的使用具有高頻性。

王魁京在《漢語語詞的構造形式與漢民族文化初探》中強調，漢語詞的構造以獨立的單個音節爲基本形式單位，漢語音節有獨特的聲音結構及表意功能。其他語言中也有單音節詞，因此詞所包含的音節數還不能說明漢語的特點，關鍵是音節的功能。英語中的一個音節往往跟意義單位不對應，只是話語中聲音節奏的表現，意義表達的任務主要靠語詞整體的聲音形式去承擔。與之不同，漢語詞的整體意義是由單個獨立的音節爲形式標誌的語素的意義共同聯絡而成。漢語的「字」既是一個音節，又是一個意義單位，這是漢語構造的最基本特徵。

潘文國的《漢語語法特點的再認識》認爲，漢語的特點不是詞序和虛詞，不是語言單位的同構方式，也不是人文性，而是漢語語法的隱性和柔性，並以爲這兩條足以說明漢語的性質：漢語是一種語義型兼節律型語言。

漢語的單音節性，本世紀初西方漢學家馬伯樂、高本漢先後言及，然而並未能以之建立與西方「詞」語言不同的漢語語法研究體系。中國傳統小學以「字」爲本，漢語的構成是「因字生句」；「詞」通常是指言辭，偶爾指語助。《馬氏文通》仿葛郎瑪之時，尙知固守「字本位」，章士釗卻以「詞」代「字」，將漢語言細胞「字」塞進西方語言「詞」之中。雖然西方漢學家以「單音節語・孤立型」從語素與語型兩方面揭示了漢語的性質，且與中國傳統的「字本位」觀相合，但是國內的一些學者在對西洋人以語言類型進化論曲解漢語爲「初等」而義憤塡膺的同時，卻沒有冷靜地去尋找漢語與印歐語的本質區別，並以之作爲建立漢語語法學的基點，反而陷入語言類型進化論中，把與西方語言性質不同的漢語塞進西方語法學的分析框架，在爲漢語「昭雪」的同時卻扭曲了漢語的本質特點。

要明確漢語的性質，必須弄清幾個問題。漢語言最小的音義單位即語言細胞是什麼？與西方人不同，漢人對語音的自然感知是音節，而且是與一定語義互爲表裡的音節。就音節而言，漢語音節具有附義性；就語素而言，漢語語素具有單音節性。就總體而論，漢語一個音節表一個語素，一個語素含一個音節。單音節語素就是漢語言的細胞，正是這一語言細胞的特點（無形態變化、單音節）才決定了漢語語言的「語義·節律型」，導致了漢語語法的隱柔性。在歷史語言學研究中，法國學者沙加爾認爲漢語與南島語同源。原始南島語的詞一般爲雙音節，與古代漢語「字」相對應的經常是末一音節，因此，原始漢語可能也是雙音節。其演變過程大致如下：原始漢語（或南島語）「白」*burak（雙音節語素）＜上古漢語 *brak（輔音間元音u失落，形成複輔音）＜中古漢語 *bak（複輔音單化）。在甲骨文裡已很難找到雙音節語的明顯證據，據此推斷漢語語素雙音節向單音節的演變在殷商以前，漢語語素的單音節性在三千多年前已經定形。但周秦時代的中原雅言之外的一些語言中則有著雙音節語素，如「筆」，吳謂之「不律」；「虎」，楚謂之「李父」。秦漢以後漢語中的雙音節素多數來自外來語，也不排除有些是更古語言的遺迹。「字」與語素之間有著怎樣的關係？漢語中的「字」，既指書寫單位，也指語言單位。「字」即語素，傳統的「字本位」也就是「語素本位」。由此可見，漢語是一種語素語言，漢字是一種語素文字。傳統只有「字典」即語素典，而沒有「詞典」。漢語語素的組合以語義能否搭配爲準繩，這種組合的結果是任何「詞典」

也無法囊括無遺的。一種具體語言的特性實際上也是一種語言類型的特性。就語言細胞而言，世界上的語言可分爲三種：一端爲「句語言」，另一端爲「語素語言」，處於兩者之間的是「詞語言」。印第安語中析不出印歐語中的那種「詞」單位，因此對這種「句語言」的分析不能採取「詞本位」方法。印歐語的細胞是具有形態變化的詞，「形態」既是詞性的標誌，又是控制句法結構的手段，由此決定西方傳統語法研究的「詞·形態本位」觀。漢語的細胞是沒有形態變化且依據義序組合的語素，因此中國不會自發產生西方意義上的「語法學」。在論述漢語與印歐語的差別時，人們總愛說「漢語缺乏嚴格意義的形態變化」。而「缺乏」則意味著「當有而未有」。這一論斷仍然立足於印歐形態語言而認定漢語之「缺」，潛意識的西方語言中心論掩蓋了漢語研究的本位地位。恰當的表述應當是漢語「沒有」或「不採用」形態變化，漢語是一種以義序方式組合的單音節性素語言。把握了漢語的性質，漢語「詞類」劃分的糾纏自然解脫，因爲漢語沒有印歐語式的「詞」，只需對語素進行功能性分類。所謂詞、短語、句子三級單位的同構性也不復存在，因爲漢語只有語素的層級組合（集字成句），更不必爲語素與詞、詞與短語之間的區分而左右爲難。漢語沒有「形態」，也就沒有西方式「語法」。因此，漢語的語義型組織法和印歐語的形態型組織法相比，並非僅是隱與顯、柔與剛的屬性之別，而是語言組織方式的本體之別。以往的現代語法學研究，由於深受西方語言中心論與結構主義的「誤導」，企圖越過漢語語言細胞這一基本要素的精心研究，構築起以有限形式規則涵括複雜語言事實的「語法」體系的大廈。把握住漢語的語素性和語義組構性，才找到了漢語的 DNA，因此漢語研究與漢語教學都必須確立「語素本位」或「字本位」觀。

㈡詞的文化義與詞的文化研究

蘇新春在《論語言的人文性與詞的文化義》中將漢語的人文性定義爲「漢語通過自身的存在狀態、分布範圍、活動單位、變化方式等各個方面表現出的漢民族文化要素和特點的屬性」。由此推定，詞的文化義不是文化體系中的某種特點要素，而是多種文化要素的凝集反映，不是獨立於詞的語言意義之外的附加義，而是與詞的語言結構意義不可分割、彼此相望的一體兩面，不僅通過語言意義表現出來，而且存在於詞的語言形式之中。與那些和文化事件聯繫在一起的「文化語義」相比，隱含在詞的語言結構義內部和結構形式中的文化義更有價值。

王魁京的論文揭示了漢語語詞構造形式上反映出來的漢民族基本思維法則，如語素組合中的先總體後局部、先名稱後實質、同類歸並、對立統一、虛實相應與匀稱和諧等，與蘇新春所論詞的結構形式文化義相合。王魁京根據對外漢語教學的實踐，感到外國人學漢語不僅會在語詞意義方面發生跨文化問題，而且也會對漢語詞的構造形式（語素組合方式）困惑不解。因而，撇開漢民族的想像方式體系，僅以形式化的構詞法說明語詞中的語素關係，對學習漢語毫無幫助，必須讓學習者了解漢語語詞構造的文化內涵。

關於詞的文化研究的論文還有不少。張鴻魁、王大新的《從〈金瓶梅〉詞彙的特點看文化因素的影響》，將跟一定文化環境相聯繫的修辭造詞稱爲文化造詞法，如離合、歇後、藏頭等；姚錫遠的《熟語文化論》，從文化特質與文化理據兩方面加以探討；鄭貴友的《漢語歇後語中的「謗佛」現象與中國佛教》，揭示出歇後語「謗佛」的文化背景主要在於價值取向中的「是儒非佛」，佛教與儒家思想牴觸之處成爲非議對象；范進軍的《〈說文〉玉文化初探》則是以語言材料透視文化；蔣宗福的《〈金瓶梅詞話〉方言俗語的文化心理探視》探討的是隱藏在遣詞用語背後的作者文化心理；李無未的《談〈醒世姻緣傳〉中的東北方言詞語》，將東北方言詞語與魯東方言比較，追尋源頭；李麗芳的《諺語格言的社會學透視》著重論述了諺語格言對中國人人格塑造、心態培養、倫理教化等方面的建構力量；林倫倫的《漢語的言語禁忌與避諱》認爲言語禁忌是禁忌民俗的一種特殊事相，它是行爲禁忌的延伸與補充，並探討了言語禁忌的特點、原因及常用方法。

廣義文化可分爲語言文化、心理文化、行爲文化與物質文化，後三者統稱之非語言文化。語言是文化的符號，但不是非語言文化的符號。語言可以成爲非語言文化的載體，但並非所有的非語言文化都以之爲載體。作爲文化本體的語言，它是認知工具、意義系統、價值體系；作爲文化載體的語言，所載文化在接受語言重塑的同時又滲透進語言之中，二者之間是制約與滲透的雙向關係。並非簡單化地表現爲「文化是語言的管軌」。語言文化是與「人」共生的的元文化，它不僅是心理文化與行爲文化的寓體，而且是這些文化得以生長的原點和得以解釋的工具。語言本身就是一種文化，因此語詞義就具有文化屬性，這種本體文化義又可分爲指稱文化義與色彩文化義，前者包括始見義與派生比喻義，後者包括情態義、聯想義、評價義、風格義等。蘊含在語詞結構中的是結構文化義，可分爲單純結構文化義（語源義）與復合結構文化義（組合義）。由具體文化事件感染語詞而產生的文化義可稱爲受滲文化義。圖示如下：

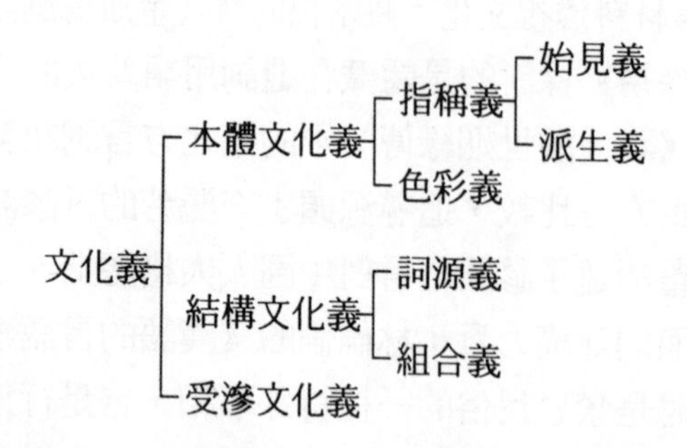

考察漢語詞的文化義，必須以漢語詞彙系統與漢文化系統爲座標，並以相關語言的詞彙系統與文化系統爲參照。

㈢漢字構形中的人本主義與漢字的特點

申小龍在研討會上做了題爲《漢字結構的人本主義》的專題報告，揭示了漢字構形中「觀物取象，以象立形」的人本主義，漢字結構是人的主體意識對事物的感受。孟華的《論漢字是一種動機文字》認爲，文字的基本要素除能指和所指，還有這二者之間的「意指方式」，正是後者決定了文字的性質，與採取任意性意指方式的拉丁文字不同，漢字採取動機性意指方式。張玉金在《漢字長壽的奧秘》中強調，漢字長壽的原因除了漢民族沒亡及文字自身的原因，還有文化、政治、經濟上的原因。趙麗明在尋找江永女書源流的調查中，發現了一種在漢字影響下創制的、主要在瑤族婦女中使用傳承的符號文字。她就此發現，向研討會提交了《關於城步瑤族語句團符號文字的報告》。

根據美國學者Schmandt Besserat的研究，蘇美爾文字起源於公元前6000年左右西亞人用來算賬的黏土標誌，從立體符號中演化出平面符號。蘇美爾文、古埃及文、華夏漢字與馬雅文字這四種古老的自源文字，都是以「象形」作爲文字構形的基本方式，因而這些文字構形中都裸露著強烈的人文主體性。這類文字所包含的信息，一種是作爲語言記錄工具的語言信息，另一種是構形中的非語言信息，而後者正是可以借之透視先民生活與文明的文字的本體價值所在。文字演變史的研究表明，凡自源文字都有一個從觀物取象到以聲托事的過程，從發生學角度而論，都是「動機性」文字。而通過借用方式形成的拼音式借源文字，則使文字轉向「任意性」。若將「意指方式」改爲「指向方式」，這種指向則可分爲「意指」與「音指」。根據這一區分，漢字是意指性文字，拉丁字是音指性文字。趙麗明所報告的瑤族語團文字，是在漢字影響下創制的一種借源文字，它所表現的語段相是語句，根據伊斯特林分類法稱之爲「句意文字」。繼女書以後，又發現步城瑤文，這似乎預示在西南地區可能還存在著一些尚待發現的文字品種。

(四)語言的跨文化比較與民族立場

高一虹的《「西有漢無」與「西死漢活」——從反事實假設之爭看跨文化比較的標準和方法》，針對美國學者Bloom依據漢語沒有虛擬式而斷定講漢語的人不善於反事實推論，與美籍華人學者Au認爲反事實思維在漢語中表現得較爲靈活多樣，不像英語那樣固定在虛擬形式標誌上的爭論，討論跨文化比較的有關問題。當語言和文化的比較研究的參照系統是「純語言」時，研究者容易陷入母語的魔圈；當跨文化比較的對象是軟科學時，容易爲研究者的主觀情感和偏見所左右。Bloom與Au都試圖從「硬」的實驗中發掘出「軟」的文化意義，但是任何硬的設計中都有軟的因素，任何客觀的結果都有主觀的參與，他們可能都沒有意識到自己的民族立場或民族中心主義傾向。當臺灣學者吳信風爲駁斥Bloom，從美國趕至大陸調研時，申小龍在《語言的文化闡釋》一書中正將Bloom的研究正面介紹給讀者，同時進一步闡揚貫穿於語詞、毛筆、筷子的中國彈性文化精神。澳大利亞學者Edward MoDonald認為申氏著述暗示：漢語優越於任何其他語言；並以為這必定是出於一種愛國主義願望。可見，在跨文化比較的標準和方法問題背後隱藏著一個棘手的問題，即研究者的民族中心主義傾向。高文中引述了對跨文化比較持否定態度的高野與太郎的觀點：如果一項有關基本認知能力中可能存在的文化差異的研究恰好支持了語言相對論，那麼這種研究必定會導致對兩種文化之一的貶低，在這個已經相當複雜的世界上，此類研究的最可信的結果可能會製造不同文化間的敵對情緒。高一虹認為，差異可論、特點可論、優劣不可論，不管是東方中心，還是西方中心，「語言優越論」同樣植根於人類本性中的自我中心主義。薩丕爾—沃爾夫的語言相對論相當程度上超越和戰勝了民族中心主義的束縛，其理論才具有如此長久的魅力，假使站在民族中心主義的立場上闡釋他們的觀點，認識自己的語言和建設自己的理論，得出的結論是不會有生命的。

各種文化與語言之間是否有差別？這種差別是類型之別，還是模式之別？是相同的不同，還是相異的不同？文化進化論以歐洲文明為中心、用比較的方法、以技術水平和知識水平為唯一標準，構築了類型社會這一理論模式，將不同的文明排列在同質且單一的連續線上。語言類型進化論與文字類型進化論正與這一理論模式相呼應。新進化論者懷特認為：衡量文化進化各階段的唯一最佳尺度，是以一年為單位人均獲取的能源量，即E（能源）×T（科技）＝C（文化），陷入了「技術決定論」。反對單線進化論的文化傳播學派，同樣認為文化有高低之分。博爾斯嚴厲批評了單線進化論，認為不同社會各有其獨特的歷史與文化，本尼迪克特提出與文化類型論不同的文化模式論。薩丕爾—沃爾夫假說的出現，實際上爲文化與語言的比較研究開闢了一條並非以高低爲權衡的道路。懷特的學生塞維斯和薩林茨企圖在「模式」論與「類型」論之間加以調和，提出了「特殊進化」和「一般進化」兩種方式：前者指文化在適應環境的過程中會出現特殊化，從而使世界文化呈現多樣性，因此在比較不同文化時不可能得出一種文化比另一種文化更進步的結論；後者是指在沒有與特定環境相適應的基準的前提下，也可以制定某種絕對性基準，將各種文化排列爲從低向高的定向進化的各個階段。由此可見，語言的跨文化比較與一定的文化史觀密切相關。

什麼是比較？鼓吹德語「是表達眞理的語言」（Fichte語）或嘲諷「允許自己的兒女學習法語就同教給她做娼妓的美德一樣偉大」（Jahn語），這只是語言沙文主義的論調而並非語言的比較研究。語言類型進化論者雖然在研究，但是他們並沒有找到語言進化的證據與標準，只是想當然地將不同「範型」的語言做單線式排列。沃爾夫假設認爲，每一種語言都是一個龐大的範型體系，一定的思維受著一定的語言範型的支配。這只是認定範型與思維的差異，並未評判其有高低優劣，所以說沃爾夫假設具有某種超越性，這只有通曉多種語言與文化或擺脫了文明中心論的學者才有可能做到。Bloom力圖在個別的語言形式與具體的思維能力之間尋找對應關係並斷定「有無」，其旨趣與沃爾夫假說已有所不同。而且他不了解漢語是與形態型語言（英語）不同的語義型語言，漢語中的反事實思維並不以形式標誌爲特徵，因而他實際上陷入了「形態型語言標準論」的泥潭，而他認定說漢語的人反事實思維能力匱乏則使自己滑向民族中心主義傾向。當然，既然語義型語言與形態型語言是兩種不同範型的語言，必然制約著漢語使用者和英語使用者各自的思維範型，但這種由此導致的差異到底是整體的還是個別的，是習慣性的還是能力性的，都有待深入探討。

不可否認，語言的跨文化比較研究一開始就陷入了一個自相矛盾的局面，語言既是研究的對象又是研究的工具，除了那種爲著特殊目的的沙文主義觀，一種與生俱來的「民族立場」恐難以避免，因爲人們總是以自己的語言式樣去看待世界。既要承受又要掙脫這種語言式樣以求客觀的比較，這就陷入了文化悖論的怪圈。人們只能儘可能地弱化民族中心主義傾向，但不能徹底擺脫，除非是外星人，但他們帶來的可能是「外星文化中心主義」。

㈤交際文化理論和語法修辭研究

在研討會上引起注意的還有不少論文。梅立崇的《交際文化理論與語表文化、語裡文化和語值文化》，在交際文化理論的間架內從句法結構、時空順序的表達和漢字探討了語表文化，針對中國俗語討論了語裡文化，從交際規約探討了語值文化。魏春木《漢語句首自稱與對稱代詞隱含的文化闡釋》，從漢語表達習慣、漢人價值觀念與追求親情關係討論了句首代詞的隱含原因。潘永樑《從民族志學科到民族語言交際學》綜述了民族語言交際學的發展過程、觀點和方法，認爲這門學科對我國文化語言學的建設具有極大的借鑒作用，並由此倡導建立「跨文化交際理論」，在會上引起強烈反響。

俞咏梅《漢語象似法簡論》，依據句法結構與經驗結構之間的聯繫，提出「象似法就是漢語的無標記語序，而不合象似法的語序和規則的合法語句就應看作是一種功能標記」。吳長安《語義在次範疇確立中的自足價值》認爲，形式的有限性導致了語義分析並不都具有形式驗證的可能，反之，結構主義的形式化分析離不開語義。詞的次範疇確立的依據應當是搭配中義素的會同意義而不是形式驗證。姚亞平的《論中國修辭傳統走向現代形態的歷史轉變》一文指出，在克服將現代化與西方化聯繫在一起的傾向的同時，中國修辭學必須對中國修辭傳統做出正確的評價和闡釋，從而確立以修辭中人的因素與言語行爲中修辭的功能與規範爲模式的研究方法。

三、理論探索：學海茫茫未有涯

與會代表們還就中國文化語言學的一些理論問題進行了深入的探討。

㈠語言世界觀與世界語言性

戴昭銘在《語言與世界觀》中認爲，語言作爲一種世界觀，不是哲學上「對世界總的看法」，更不是由政治立場決定的階級意識形態，而是指特定語言中所反映的世界圖像。語言世界是人所建立的、蘊含著人的全部精神創造的關於物質世界的鏡像。物質的世界寓於語言之中，它以語言的面目呈現出來，而且非以語言面目出現就不能被人領悟。我們語言的界限就是世界的界限，對於認知者來說，世界不僅具有物質性，更具有語言性。

由於多年來文化的誤導與自縛，人們只要一提到「世界觀」，立即觸動敏感的「階級性」神經。因此，重提由洪堡特、沃爾夫等人提出的「語言世界觀」這一命題，難免使人莫名驚詫。關於這一命題，申小龍《語言的文化闡釋》第一章《語言：人類所理解的世界形式》一節中有著頗爲詳細的論述。所謂「世界觀」是指「一種文化看待世界的眼光」，並非「特定語言中所反映的世界圖像」。前者是主動的，後者被動的；前者是主體的，後者是鏡像的。申氏認爲，語言作爲一種世界觀，因爲它構成人的最重要的文化環境，直接塑造了人的文化心理。不同的民族對世界所作的語言「分割」是不盡相同的；語言不僅在概念體系、意義體系上是一種世界觀，而且在價值體系上也是一種世界觀；不同民族的語言世界都具有文化相對性，沒有也不需要一種共同標準來評價不同語言世界觀的優劣。

作爲世界觀的語言或觀世界的語言，並不僅僅在發育成熟以後才具有看待世界的式樣這種性質與功能，而是在其發育過程中就與人對世界的能動認知機制的形式息息相關，即人們是在認知世界的行爲中創造了認知世界的式樣，人們是在認知世界的式樣內表現著認知世界的行爲，式樣和行爲的互動構成了人類的文化世界，完善了人們的語言系統。根據卡西爾的觀點，語言的產生並非以概念的抽象爲前提，恰恰相反，而是語言的逐步發展促成了抽象思維的出現，因此，語詞呈現出個別性與不確定性，包含著前邏輯思維的種種原因。但是，語言不是被動的鏡像，而是主體的再造。固然，語言的產生與發展使人對世界的認知或表達實現了質變，但人並非僅僅以語言的方式認知或表達世界，因此人所領悟的世界並不局限於語言「分割」的世界。語言以認知或表達方式重塑了語言的客觀世界，只是從這個意義上，我們才可以說我們所認識的世界就是我們語言中的世界，人的語言符號能力使世界蒙上了「語言性」色彩。

㈡語言研究範型與人文性描寫方式

徐時移在《文化語言學的產生根源和當代意識》中指出，姚亞平曾論及中國語言學史上存在著兩個系統：一個是對音、形、義進行研究的語言本位系統，一個是結合人、社會、文化對語言的功能、規範進行研究的人本位系統。因此中國古代語言研究是描寫與人文互爲雙翼。文化語言學是對近百年把大部分語言研究僅限於脫離社會生活的純形式微觀分析的一種反響，但它的深入和發展必將建立在純語言描寫的基礎上，「人文系統研究的未來進展肯定決定於適當的公式化」。由此可見，中國語言研究範型的演變表現爲：人文和描寫型——描寫型——人文與描寫並重型，中國文化語言學將在更高層次上再現漢語學人文主義傳統。

文化語言學要不要描寫？答案是肯定的。中國文化語言學在對描寫主義和科學主義的歷史局限加以反思的基礎上，提倡一種新人文主義的規範。文化語言學就是語言學，它要求在漢語研究中將自然科學與人文科學、科學文化與人文文化有機地結合起來。描寫是闡釋的基礎，但是文化語言學摒棄描寫主義，並且不以結構主義的形式化描寫爲唯一方式。在現代語言學研究中，封閉性的音位系統的形式化描寫較爲成功；半封閉性的語法系統的形式化描寫未能令人滿意；而開放性的詞彙系統的形式化描寫難以奏效，可以說是此法不通。可見形式化描寫功能有限，結構主義實際上放棄了語言細胞——詞的研究。語音音位系統不是先驗的，而是從詞語中抽象出來的，語法規則也不是預設的，而是詞語組合、聚合關係的概括。結構主義將詞彙系統的研究拋在一邊豈非咄咄怪事！與之相反，中國傳統小學以訓詁爲中心，旁及音韻、文字、修辭、文法。《說文》對漢語漢字的分析始終貫徹著古典人主義描寫方式。等韻圖的製作也並非西方式的語音描寫，而是漢人語感範型的人文音系描寫。由此可見，文化語言學並不是一般地排斥描寫，而是追求建立在感覺、表達、語義等研究範型上的人文性描寫。適當的公式化不僅是需要的，也是不可避免的。但是，由於人文科學固有的發散性特點，它不必也不能將自己嵌入自然科學式的精密框架，正像「完美是藝術的棺材釘」一樣，「精密」勢必是自然語言研究的「普羅克拉斯提斯之床」。

如果說中國語言學經歷過三階段範型，那麼西方語言學是否就沒有浪漫主義的人文傳統呢？楊啓光在《中國文化語言學不是西方人類語言學》中指出，源於古希臘的推崇自然的阿波羅傳統與崇尚人文的奧爾菲傳統，構成了西方學術中形式主義傾向與人文主義傾向的對立。雖然集西方人文主義語言學之大成的人類語言學其緣起的學術邏輯可以追溯到奧爾菲，但是縱觀歐洲語言研究，從古希臘直到18世紀都是阿波羅爲主導。在把思維和語言的關係簡單化爲內容和形式的關係、將語法範疇和邏輯範疇刻意等同化的情況下，歐洲的語言研究只能籠罩在思維本體論與泛邏輯主義之中。直到維柯與洪堡特才開創了與純結構描寫的形式主義傳統相對立的、把語言作爲文化的核心和基本構成因素而研究語言與文化關系的人文主義傳統，建立起人類語言的文化哲學。這一傳統在19世紀後期因新語法學派的崛起而出現斷裂以後，在20世紀初又形成了以魏斯格貝爾爲代表的新洪堡特主義。同時，西方哲學思潮開始關注語言範疇對認識過程和思維範疇的影響，形成了20世紀歐洲哲學與人文科學研究的泛語言主義風格。正是語言本體論思潮的產生和影響以及人類學對語言學的全方位介入，促使北美語言學家去認眞思考人類主要是通過語言去理解世界這一歐洲人文主義命題，並付諸於他們的印第安語言的調查描寫中，進而定型了人類語言學。

由此可見，西方語言研究中的範型演變表現爲兩條線索：一條是阿波羅傳統——思維本體論或泛邏輯主義範型——新語法學派範型——結構主義描寫範型；一條是奧菲爾傳統——語言——文化範型——語言本體論或泛語言主義範型——西方人類語言學範型。

㈢漢語史研究模式與文化史觀

李葆嘉在《華夏漢語祖先安在——論華夏漢語的混成發生與推移演變》中，貫通歷史語言學研究中從不同角度、引據不同材料所論證的漢語與毗鄰三大語言（藏緬語、南島語、阿爾泰語）的發生學關係的論斷，與新石器時代考古文化系統、人種體質類型，與三大傳說氏族系統及華夏民族融合的有關史料相互印證，提出了原始華夏漢語三元混成發生論。繼而闡述了處於農耕文明與游牧文明持久衝突中的華夏漢語，因游牧民族進居中原，中原士族南遷，以致形成了北留中原漢語的阿爾泰化或阿爾泰語的華夏化與南遷中原漢語的南方化或南方語言的華夏化這一推移演變總態勢。以「混成發生、推移演變」模式修正了橋本萬太郎的「推移」模式。

漢語史的研究方法受制於一定的理論模式，而一定的理論模式又是一定的文化史觀的反映，漢語史的研究模式，主要有四種：高本漢的直線型、張琨的差異型、普林斯頓學派的逆推型與橋本的推移型。非常遺憾，它們都是國外學者提出的。高本漢模式與普林斯頓模式的區別主要在所用材料的不同，無論是以切韻音系下聯上推，還是以各大方言層層逆推，皆游移於中國文化史背景之外。張琨模式強調早期漢語南北之異，並注意到結合中國文化與政治中心的轉移來考察漢文學語言基礎的差異，但仍未對漢民族的形成與華夏文明的延伸諸方面予以足夠的重視。橋本從文明類型入手，將東亞大陸語言界定爲與印歐「牧畜民型語言」不同的「農耕民型語言」，運用文化圈理論，建立了語言推移模式。橋本理論受到國內語言學界一些人的冷淡和抵制，據聞主要是感情上接受不了漢語是南北少數民族語言擠壓而成和漢語方言原是不同語言的結論。學術不能訴諸感情用事，所謂「擠壓論」與橋本「北方漢語阿爾泰化並同化南方語言」的論點不相切合。至於周秦時代語言有夏夷之別，文獻中寫得明明白白。秦始皇能書同文，但不能語同音。誰又能否認秦漢以後，北方少數民族入主中原千年左右。究其原因，一方面是國內語言學界受西歐歷史比較語言學影響太深，以爲「譜系樹」放之四海而皆準，對東西方語言的文化範型差異未及深思，實際上是固守「高本」而拒認「橋本」；另一方面國內語言學界存在著輕視宏觀理論研究的傾向，多引進國外理論對漢語做形式化描寫，囿於「純正語言學」研究的學者對文化史的研究比較冷漠，對史前文化背景了解甚少，更不用說借用文化圈理論。橋本的理論並非沒有缺陷，推移論的基礎「黃河文明中心一元擴展單動說」與80年代考古文化研究的成果大相逕庭，但《語言地理類型學》寫於 70年代，尚可理解。然而正是這一「黃河文明中心說」又與國內語言學界奉行的高本漢傳統的文化史觀相一致。中華民族文明史是一部農耕文明與游牧文明相互衝突趨於融合的歷史，華夏漢語史就是一部語言混成交融推移史。周秦以前以混成發生爲主流，周秦以後以推移演變爲趨勢。只有以切合漢文化史的理論模式爲前提，漢語語音史、詞彙史、語法史的研究才有可能深入。漢語史觀也是一種文化史觀，因此「混成發生·推移演變」模式對中國文化史的研究也不無裨益。

㈣文化語言學：學科抑思潮

中國文化語言學或分爲四派：文化認同派、文化參照派、社會學派、交際學派。有人認爲後兩派分別屬於社會語言學與交際語言學，只是在具體研究中涉及到文化，建議這兩派可從文化語言學中分離出來。相反的意見認爲，在實際研究中殊難分清，廣義文化語言學應當包括在內，但應做到「邏輯徹底、學派兼容」。

文化語言學或分爲兩派：關係論派與本體論派。關係論派認爲語言是民族文化的重要表現形式之一，語言與文化在對方中互有表現，文化語言學的研究對象是語言和文化的關係，主要方法是「從語言看文化，從文化看語言」，這門學科則是「（文化＋語言）／學」，一門邊緣學科。本體論派認爲語言是世界觀，制約著思維和文化心理，文化語言學的研究對象是語言的文化功能，包括統一功能、受滲功能和特有功能，這門學科則是「文化／語言學」，一門本體學科。與關係論派認爲描寫語言學才是本體語言學不同，本體論派認爲文化語言學就是語言學。它之所以冠以「文化」，是因爲：1.爲了與以模仿引進西方語言學的研究模式、在本世紀得以形成與發展的中國「現代（描寫）」語言學相區別；2.以漢語的人文性爲本體論，強調文化認同、事實解析與傳統闡釋是其特徵。因此，文化語言學是研究範型轉變的語言學，而不是邊緣學科，儘管它並不排斥語言與文化的關係研究。

姚亞平在研討會提出，文化語言學與其說是一門學科，不如說它是一種思潮。正是從研究觀的嬗變揭示了文化語言學的時代特徵。縱觀歐美語言學研究史，無論是傳統語法研究、歷史比較語言學、普遍語言學，還是結構主義語言學、人類語言學、轉換生成語言學，也不管是研究視域的轉移，還是研究方法的變革，都是對語言本體理解的嬗變並由此導致的研究思潮的更疊。學術思潮具有勃起性、時代性、階段性特徵，沒有經久不衰的學術思潮。現在倡導文化語言學，但不久可能會出現「後文化語言學」，或別的「X語言學」。很顯然，儘管學術思潮有別，但只要以語言爲研究對象就是本體語言學之一。在同一時期內從不同角度對語言加以研究的不同學科，可以將其定爲分支學科，這些不同的分支學科的背後都隱含著種種不同的在歷史上先後出現過的學術思潮。因此，從橫的平面上看，文化語言學是一門學科；從縱的剖面上看，文化語學是一種思潮。這一思潮不僅是對風行近百年的模仿引進式的描寫語言學的歷史性反撥，而且它蘊涵著一代人心靈的騷動、命運的沉思與生命價值的抉擇以及期待的否定。

四、參與意識：不盡長江滾滾來

作爲人文科學與自然科學橋樑的語言學，在西方曾經對其他學科產生過巨大影響。在中國，傳統小學曾經與經學、文學、史學、佛學、博物學等共生共榮。葛林伯格曾斷言：「語言學是一門領先科學」。許愼曾指出：「文字者，經藝之本，王政之始，前人所以垂後，後人所以識古，故曰：本立而道生。」但是，在當代中國語言學（主要是語法學研究）卻像一匹獨行的孤馬，語法研究的文章常人看不懂、不想看、看了也沒用，一些學術刊物甚至明確規定語言學稿件不予收理，大報上可登文學、史學、哲學等文章，但登過漢語語法形式描寫的文章嗎？語言學鑽進了象牙之塔，別人只能對你敬而遠之。姚亞平在會上呼籲，中國文化語言學必須強調實踐性，實踐性並非應用性，而是指語言研究應當成爲中國跨世紀新文化建設的一部分，中國語言學工作者應當主動參與中國新文化建設。

索緒爾《普通語言學教程》中的名言「語言學的唯一的、眞正的對象是就語言和爲語言而研究的語言」，使多少語言學工作者爲自己構築了一座「純正語言」的象牙之塔。語言學的研究對象是語言，但決不僅僅是脫離了人、文化與社會的高度抽象化了的「語言結構」。語言研究的目的更不是「爲語言」，而是「爲了人」。有人認爲：文學就是人學。語言和人與生共來，語言學就是人學。

展望世紀交會的中國語言學研究，熱點可能集中在四個領域：

1.立足於漢語人文性的語言學研究，由此貫通語言與文化、語言與社會，上升爲具有東方特色的語言哲學；2.立足於對內對外漢語教學的語言教學研究；3.中國境內民族語言的深入研究；4.以滿足電腦和人工智能需要的形式化研究。這種形式化的語言結構並非就是人腦內的語言結構，而是爲了適應電腦機制對自然語言的一種「轉寫」，因此不要把電腦運作機制中的「形式語言系統」與人的自然語言系統混爲一談。

錢學森曾將舊有的社會科學與自然科學兩大部門擴展爲八大部門，並將「科學的語言學」即數理語言學與結構語言學納入思維科學。這一做法依然深受著西方「思維本體論」、「泛邏輯主義」與「結構主義」的影響，語言科學不是思維科學的附庸，儘管二者之間有著密切的聯繫，思想科學也容納不下整個語言科學。因此，語言科學應當成爲與八大部門相並列的一大部門學科。

讓我們爲中國文化的現代化而努力奮鬥！

・本文爲作者一九九四年一月十七日在第三屆全國文化語言學研討會閉幕式上的總結發言。

（原刊於《洛陽外國語學院學報》1995年1期）

漢語的祖先：回顧與前瞻

〔美國〕　王士元①著　　李葆嘉譯

這本論叢是1994年7月在香港城市大學②舉辦的爲期兩天的專題研討會的成果。

「漢語」，這本論叢標題中的這一詞語，是指其特點可以遠溯到至少 3500年前就已經存在的一群方言（the group of dialects）。即使是最古老的甲骨文和金文文獻，從詞彙、語法和文字上也顯示出與現代漢語的某種聯繫。另一方面，尙存的現代諸方言的多樣性，則大約是在中國中央集權制建立以後和中原居民的大規模南遷之後才發生的。「Chinese」、「Sinitic」和「Sino」這些專用名詞，既然都源於王朝「秦」③的名稱，因而十分相近。從秦朝起，上述歷史事件陸續發生了。

「祖先」這個詞語，儘管其含義並不很清晰，但是這一詞語的某個義項用來定指那些與漢語來源有聯繫的語言還是明確的。當然，如果我們接受語言起源一元論（the monogenetic view in linguistics），那麼世界上的六千多種語言都可以彼此聯繫。但是，假如把我們的目標界定爲組合一些語種而建構同源性語系（monophyletic units），那麼我們的專業才會變得非常有趣。

假如，僅此假如，語群（a group of languages）之內的所有語種皆能最大限度的聯繫，並且語群之外的任何語種都不具有這些特徵，那麼這一語群就是一個同源體（monophyletic）。這樣的一些語群能夠組合成更高一級的包含更多內容的同源性語系。

由此，我們進入一個層級系統。從這個意義來說，只有我們能夠證明最高層級之時，我們研究漢語的祖先的這一目標才算達到。

衆所周知，建立在以逐層子群的劃分爲基礎之上的、描繪語言層級系統的譜系樹模式，可以追溯到一百多年以前。當達爾文（Charles Dawin）在生物物種研究中使用譜系樹模式時，施萊歇爾（August Schleicher）也用此模式來研究語言。儘管如此，譜系樹模式引進語言學領域不久，就有人指出，雖然一些典型的語言以這種方式發展，但另一些典型的語言並非如此：語言接觸時，彼此可能相互仿借。因而，波浪圈理論提出，地緣上接近的語言也傾向於較爲相似。

語言的親緣材料僅僅來自祖先語言。可以肯定，某一語言，既有一些成分是從同一語言的較早階段承傳下來的，但也有一些成分是通過仿借其他語言而引進的。我們在所研究的典型語言之間所觀察到的相似性，可能來自不同的兩個源頭。爲了瞭解語言的眞正祖先，我們面臨的問題是：如何區別與其他相關語言比照得出的相似形式，是從內部承傳下來的，還是從外部仿借過來的。然後，我們才能開始構設語言之間相關程度的層級，並且確定同源性語系。這是一非常棘手的難題，因爲情況表明：某個語言中的任何成分都有可能被其他語言仿借，雖然這些成分仿借的難易程度並不一樣。

回 顧

在中國，語言研究有著悠久的傳統。這一傳統可以追溯到兩千多年前，並以其成就斐然而著稱。④然而，保留下來的大量文獻資料，其研究主流集中在主導語群之中。相對而言，對周邊少數民族語言的關注顯得微不足道。我以爲，僅僅憑借早期漢語文獻資料來探討漢語的起源收益甚微。

在歐洲，有關漢語研究的早期學術論著，華特爾斯（Watters,1889）已經做過綜述。因此，我們發現對漢語文字系統的觀察早在培根（Francis Bacon,1561—1626）就開始了。⑤關於漢語的祖先有著各式各樣的觀點，一個比一個更富於想像力。有一種觀點認爲，這種語言是「居住在許多不同民族的圍繞中間，我們稱之爲中國的那個偉大國家的某些聖賢，爲建立口頭交際形式一下子發明出來的」。依據華特爾斯（p.4）的述評，不止萊布尼茨（Leibnitz,1646—1716）一人接受了這一中國語言特定創造論的說法。

與這種中國人自己創造自己的語言的觀點相反，也有一種其目的是依據《聖經》事序來聯繫語言關係的論調。1669年，韋伯（Webo）出版的一本流行的隨筆小冊子，文中斷言漢語是在伊甸園中使用的第一語言。漢語也被以各種方式論證爲是諾亞（Noah）的語言，如同他的一個個兒子——含米（Ham）、閃米（Shem）和杰弗特（Japhet）——一樣。假如我們聯想到狡黠的阿瑪格（Armagh）大主教簡姆斯·烏謝爾（James Ussher, 1581—1656）時代的氛圍，當奉行世界是依據《聖經》所說的譜系創造出來的信仰之時，這種充滿幻想的奇談怪論也就不足爲怪了。

當進化論風行的時候，十九世紀占統治地位的具有代表性的觀點是：漢語來自西方，源於美索不達米亞（Mesopotamia），雖然有些人寧願認爲漢語源於埃及。漢語的祖先被追溯來自巴比倫（Babylonia），但傳入時間尚未確定。提出這一論點的是倫敦大學的中印語言研究教授、皇家語言學會主席拉古伯利（Lacouperie）：

> 中國接受語言（即使是已經變化了的）……是通過來自西亞的烏格羅—阿爾泰（Ugro-Altaic）的巴克（Bak）家族的殖民，……這一語言源於巴比倫，而在它的第二聚居區域已經有所變化。現在，除了一些可能的疑慮，這一總體論斷得到了占絕對優勢的論據的支持。（引自華特爾斯，1889:11）

非常遺憾，一個多世紀以後，儘管拉古伯利教授的斷言怎樣堅決，在如何追溯漢語的祖先的問題上，我們仍然十分困惑。烏拉爾—阿爾泰（Ural-Altaic）假說從未搜集到足夠的證據。但是，並不缺少一些著名的歐洲學者所提出的可供選擇的假說。迄今爲止，這些假說中的任何一個都尚未被嚴謹而認眞地探討過。

這些早期的探索者，既沒有像近十年內所發生的情況那樣，在語言研究方法論上有所突破或推進；也不可能預先知道當代中國關於新石器時代考古文化的重大發現，而這一考古文化時代卻遠遠在烏謝爾大主教言必稱的伊甸園之前的幾千年。或許，拉古伯利教授會爲他智慧而傲慢的斷言感到歉意。

更爲重要的是，伴隨著以上這些進步，已經積累了相當豐富的可用於同漢語進行比較的毗鄰語言資料，這些資料特別可用來與構擬的古代漢語形式進行相互比較。如今，問題的關鍵已經不再與上一世紀所常見的那樣，僅僅局限於關注漢語與甲語言或者與乙語言之間所具有的某些相似性。

或者更確切地說，我們需要研究的是：漢語與其他語言的這些相似性，哪些是緣於承傳，哪些是緣於仿借。把這些相似性一一釐清的標準，如我早先的評論，至今仍然未能確定，並且這些標準距離一致公認尚遠。假如這些相似性確實緣於承傳，接下來的問題就是這一語言是否與甲語言，或者與乙語言，或者與甲、乙兩者（如果我們的譜系樹允許非成對分支）組成一個同源體；研究由此層層深入。白一平（Baxter）的論文——本書第一部分首篇——是對肯定會有助於求證次語群（subgrouping）假設的概率推理的詳盡論述。

事實上，那些以為我們現在的研究已經「毋庸置疑」地回答了這些問題的人們，將不必再仔細地閱讀這本書。在龔煌城的論文中，借助以前沒有整理利用的西夏（Tangut）語言的強有力證據，為我們進一步論證了漢藏語系假說。龔煌城認為，這一假說的範圍僅限於漢語方言和藏緬語。這一點與我們目前的共識最為接近。但是，不同的意見請參見本書第二部分沙加爾（Sagart）所做的評論。

為漢語嘗試建立更高一級的同源性語系的假說，迄今尚沒有達到一致公認的程度。這些假說包括：漢語與印歐語的相似同源性，這是蒲立本（Pulleyblank）觀察到的；漢語與北高加索和葉尼塞語相聯繫，這是斯大羅思丁（Starostin）的假說；漢語與南島語同源，這是沙加爾倡導的。

這些假設由白樂思（Blust）、李壬癸、蒲立本、帥德樂（Starosta）和斯大羅思丁逐一評論，絕大部分文章在本書第二部分。這一部分也包括了米恰姆（Meacham）所做的極其有價值的、以考古文化透視語言的論述。

潘悟雲、游汝杰和鄭張尚芳的論文都贊同建立一個有著廣泛同源聯繫的語言圈。除了漢語和藏緬語，這一語言圈的語言還包括苗瑤語、侗台語和南島語，或許還包括一些似乎並無親緣關係的其他語言。他們使用不同的方法，分別從詞族、動物名詞和基本詞語幾方面進行探索，以期達到建構語言圈的目標。

潘悟雲和鄭張尚芳使用了「華—澳（Sino-Austric或者Hua'

ao）語系」這一術語，來冠名這一廣袤的語言圈。假如他們的假設是正確的，那麼，漢語將被安排在譜系樹圖式的相當高的位置，並被證明爲譜系樹的根叉的名稱，這是毫無疑問的。漢語可能從譜系樹的另一枝幹分離出來，並且在從譜系樹的根部分化出來的幾千年之後，經過很久才變得十分重要。漢語的成功史話，並未像印歐語系中的英語或者尼日爾—科爾多凡（Niger-Kordofanian）語系中的班圖語那樣，得到廣泛的流傳。

前　瞻

收入本書論文的不同假說之中，漢語與哪一種語言具有親緣關係的主張能夠禁得起將來研究的檢驗呢？如何確定這些語言在某一語群假說（a hierarchy of linguuistic groups）中的位置呢？雖然證明這些假說是非常有價值的，但是我們目前距離確定無疑的答案尙遠。如果我們希望推進以下跨學科研究的三大論題：(1)確定語言發展的不同階段的時間；(2)確定史前民族在地圖上的分布；(3)能夠考見已經經歷過六、七千年，以致八千年發展的智人及其文化和社會的一些情況，那麼回答以上語言學的問題依然是十分必要的。

既然古代先民在他們日常生活中所使用的詞彙，能比考古挖掘的物質遺存提供更爲豐富的資料和更富有啓迪的視界，那麼剛剛作出初步貢獻的遠古語言的重建對之特別有效。在討論「gods（上帝）」在原始印歐語中的重建形式時，瓦特金斯（Watkins）這樣寫道：

> 關於古代印歐人的意義世界，重建詞語*deiw-os和*dyeu-peter是唯一能夠比古代雕像告訴我們更多內容的對象。（1985:XVII）

上文舉出的這一例子表明，語言學和考古學兩門學科互相受益非淺。顯而易見，當這兩門學科的一系列數據資料整理統計出來以後，我們就能獲得一幅具有雙重交叉證據的關於遠古時代的完整畫面。

二十世紀五十年代，在斯瓦迪士（Swadesh）創立語言年代學的時候，測定語言分化時間的興趣激勵了學術界。從物質實體可以根據化學元素的衰變程度來測定存在年代而得到啓發，斯瓦迪士的天才見解在於，可以根據任何現存語言的基本詞彙成比例的、持續的變換比率而進行類推，以推斷某一語種的分化時間。

數十年來的一系列研究成果已經使語種起源理論日益臻密。尤爲特出的是，正如王士元（1994）評論的那樣，一些新編制的能以軟件形式在個人電腦上使用的數理統計研究程序，已經顯得卓有成效。雖然這些軟件程序是爲生物系統的最初起源這一研究目標而研制的，但在語言研究中，這些程序的有效性是十分明顯的，同時掌握這些程序也是比較容易的。⑥

迄今爲止，所有已經分出子群語言（subgroup languages）的譜系，都未能進一步指明各語支（the branchers）分化的定量數值。新的研究方法能使我們能夠重建，由占支配地位的語言單源體的獨立演變過程之中不同階段陸續分化出來的各個語支之間的時間跨度。進而，在任何兩種語言之間的分化時間跨度可以再現的情況下，語支的增加有如沿著最短途徑的一些歧路。當這些方法在語言學中得到更爲廣泛的重視並應用於許多不同的語言群體研究時，我們不得不承認斯瓦迪士的確遠見卓識，儘管他的方法並非盡善盡美。假如這一研究方法的變革成爲事實，如我所推想的那樣，語言學家和考古學家除了文化闡釋之外，在確定年代上也可以交叉印證。

與考古學和語言學並駕齊驅，有助於進一步探索漢語祖先的，第三種重要的參與學科是遺傳學。達爾文在撰寫《物種起源》第十四章時，就已經預見到這種相互配合的潛在可能性：

> 如果我們擁有一份完備的人類譜系圖表，那麼人種的形成序列將爲全世界所使用的各種不同的語言提供最好的分類。

現在，關於語言的消亡、混合與換用的過程已經知道得很多。這些語言生命現象在中國得到確鑿而豐富的證據。

特別令人注意的，漢人語言的同化力即「漢語化」，在過去兩千多年內曾經發生了的巨大作用。十分明顯，在漢語文化圈內流通的一切語言都已經被漢語同化，儘管同化的程度各不相同。進一步說，這也導致了千餘年來漢語各方言從周邊語言中借用各行各業的通行詞語。這一事實，不幸被書寫這些詞語的漢字掩蓋了。⑦如此種種因素混合在一起，語主遺傳基因和實際使用語言之間的聯繫，不可能像達爾文所設想的那樣逐一對應。

進一步，爲完成基因—語言關聯（the gene-language correlation）的全部工作，至關緊要的是必須選定合適的遺傳基因特徵。蓬勃展開的中國遺傳學研究已經產生了一批相當數量的科研報告（趙東茂Zhao Tongmao和李宗道Lee Tsungdao,1989），以GM和KM爲基礎的分布類型，明確地顯示出兩種對立的結果。這一研究表明，以漢族人的非漢鄰居與在地理上分布較遠的其他漢族人相比，漢族人實質上具有更爲密切的遺傳特徵。換而言之，漢族群體不能以這兩種分布類型爲基礎加以檢測。

雖然如此，基因—語言關聯在全球範圍內還是顯示出較多的一致性（卡瓦里—斯福薩Caralli-Sforza等，1994）。既然不是中國而是包括整個世界，既然許多遺傳特徵在研究中發現，那麼我們就必須處理好較大的時間跨度。無論闡釋的結果最終如何，對於我來說，無須把語言史和遺傳史混爲一談，而我們就能夠了解許多關於遠古的情況。然而，通過比較二者，我們可以嘗試既解釋其一致之處又解釋其不一致之處。

一個基本的事實是：在所有社會中，孩子們通常是從他們的母親那兒學會第一語言。從母親生命中，孩子也遺傳了她們基因的一半。既然一個人不會選擇一個不能與之交際的配偶，因此，孩子的父親說著與孩子的母親同樣一種語言的可能性極大。依據達爾文的論述，確定不移的基因—語言關聯應當是無須證明的預設。降低這一關聯的衆多因素，包括上文提及的一些，是應當與語言史結合起來加以研究的、發展演變過程中的種種事件。

在揭開漢語祖先的面紗的攀登之中，如果最有益的嘗試就像包含在隨後論文中的這些學術性範例，我們看到實現這一目標的距離在逐步縮短。我之所以這樣認爲，是因爲我們希望建立的關於遠古的學說仍然缺少關鍵數據。如果沒有別的問題，這本論叢在引出各種經過考定和整理的新的語言資料方面具有拋磚引玉的價值，並且由此建構一個總體框架。

但是，我感覺到，我們仍然需要從關注相同問題的其他學術領域吸收理論和引用資料。我在上文已經談到考古學和遺傳學，以及其他學科的成果也應樂意接受。體質人類學能夠檢測人類化石的特徵，並且告訴我們關於當時語言使用者的一些特點。⑧比較人類學可以幫助我們在習俗、神話和信仰的基礎上對人群加以分類。

當然，在以交叉方式對智人體質的發生變化和智人語言的發生換用進行描寫性推測中，我們需要謹慎從事，否則將會失之於武斷和魯莽。一個發人深省的例子是，有人相信處於江浙地區距今四千多年以前的良渚文化的創造者，與今天的吳語的使用者有著直接的承傳關係。然而，來自智人的各個遺體的結論和數據，只有審愼地加以闡釋，才不失之爲窺見遠古的一個獨特的窗口。同時，將所有這些窗口加以綜合的觀點使我們可以完善與交叉印證我們的假說。由此，最終我們關於漢語祖先的學說就能建立在一個廣博而牢固的基礎之上。

…………

我希望包含在這本論叢中的見解和資料，對於闡釋研究這一問題的人文學科的相關狀況，對於促進和指導未來的研究工作，將起較大的作用。顯而易見，總體說來，對於語言演化的任何理論，對於人類史前史，特別是對於中華文明的起源、漢語的祖先或漢語的起源是一個非常重要的問題。或許下次研討會，針對這個問題，將通過吸收其他學科的研究進一步拓寬研討的基礎。

【註　釋】

① 伯克萊加州大學研究生院教授、香港城市大學語言工程教授。通訊處：WSYW (a)VIOLET.BERKELEY.EDU.

② 專題研討會期間學校的名稱是香港城市理工學院。

③ 我不贊成中國王朝「秦」的名稱用濁塞音構擬的做法。與之相反，持歐化觀點者贊成。

④ 見王士元（1989）關於這一悠久的方言學、詞彙學和音韻學等研究傳統的論綱（譯者注，論文題目是《中國語言：語言學史中的一章》），這就是我爲什麼近來讀了如下內容甚感驚訝的原因。伊特科倫（Itkonen）《語言學通史》（1991）說：「從嚴格的科學觀出發，中國的語言學傳統沒有多少價值」（p.2），「在中國，語言學理論和語言哲學從未發展爲強大而持續的傳統」（p.89）。然而，既然作者在序言中承認自己「對漢語一無所知」，這就便於那些睿智的

讀者對這些違反常識的議論置之不理。作者的確需要一種冒天下之大不韙的「勇氣」，我以爲，這好比一個自認爲色盲的人反而在堅持寫作美術史。

⑤ 關於漢文字，培根寫道：他們「表達中既不用表音字母，也不用俚語俗詞，而是注重情狀和意境。在許多不同的區域和省份，彼此之間不能聽懂對方的口語，卻能看懂相互的文辭，因爲漢字比各地方言更爲普遍地被人接受。由此我以爲，他們擁有像基本詞彙那麼多的、數以萬計的漢字。」（引自華特爾斯，1889:2）培根資料的來源尚不清楚。

⑥ 一個成功的應用遺傳學模式的範例是語言學中的波浪圈理論，見卡瓦里一斯福薩和王士元（1986）；同時參見莽顛（Mountian）等（1992）關於其他借用遺傳學方法的論述。

⑦ 關於近年來鑒別許多漢語語詞的非漢來源的嘗試的情況，可參閱李京鍾（Li Jingzhong,1995）。

⑧ 一份非常有用的關於中國人類化石的介紹，是吳汝康（Wu Rukang）和沃爾夫（J.W.Olsen,1985）合寫的。

*一九九四年七月十四日至十八日第三屆漢語語言學國際會議在香港城市理工學院舉行，專題研討會爲「漢語語源」。研討會論文由王士元教授主編爲〔美國〕《中國語言學報》專題論叢系列之八《漢語的祖先》（1995）。該文The Ancestry of Chinese : Retrospect and Prospect是王士元教授爲這本論叢所寫的導論。譯文中省去原文中對促使這本論叢得以問世的各種努力所表示感謝的三小節文字。蒙王先生授權，許可我翻譯和聯繫出版《漢語的祖先》的中文本，謹致謝忱。

附：中國語言文化闡微 （目錄） 李葆嘉